日航 的 现场力

独家取材 稻盛和夫

[日] 金子宽人 著

周征文 译

人民东方出版传媒
People's Oriental Publishing & Media

东方出版社
The Oriental Press

不屈不挠精神的接力

咚咚，哐呛……1945年秋，正值二战结束后不久，在日本各地的机场，充斥着这种在砸毁飞机过程中产生的噪声。依据联合国驻日盟军总司令部（GHQ）的命令，日本拥有的所有飞机都要被销毁。有的飞机被起重机高高吊起后自由落体，有的被重型工业机械撞得机体破裂，有的则被点火焚烧……这种彻底的破坏作业，使这些飞机再也无法发挥作用。根据GHQ的指示，不仅是军用机，就连日本的民用机也必须"处理干净，一机不留"。由此，在战时负责民航的"大日本航空"遭到解散，管辖航空事务的行政部门"运输省航空局"也一并被撤销。

在如此绝望的环境下，有一个人却没有放弃发展日本民航业的希望，此人便是松尾静磨。他曾是航空局次长，属于政府任命的航空官。飞机引擎设计师出身的他，后来被调至航空局。二战期间，他先后担任大邱和大阪的机场跑道的总负责人，据说还亲自设计了伊丹机场的飞机跑道。二战后，他向GHQ交涉，以一腔诚意和无比的耐心，不断向对方解释日本民航的情况，试图让GHQ方面明白，民航运输完全不含军事目的。

正所谓"功夫不负有心人"，1946年7月，GHQ允许日本设立"递信省航空保安部"，这一部门旨在为占领军服务，包括维护和管理跑道、航空无线局和航路灯标等设施，由松尾先生担任部长。为了防止日本航空技术人才流失，他聘用了经验丰富的飞行员以及引擎、机械和无线通信等方面的技师，共150人。这些人成了日后日本民航业复活的命脉。

1951年，在《旧金山和约》缔结前后，日本民航遇上了有望复兴的机会。同年8月，日本航空（JAL）成立，松尾先生被聘为专务。同年10月，JAL先以委托美国西北航空公司的方式起步；到了1952年10月，JAL开始自主运行。1953年8月，JAL培养出了首位日本人副驾驶员；1954年11月，JAL培养出了首位日本人机长。

1961年，松尾先生成为JAL的第二任社长。在其任职期间，JAL 赶上了日本经济蓬勃发展的好时机，一度呈现赶英超美的强劲势头，并一步一个脚印地扩张航线。1967 年，还推出了"环绕世界一周"的航线。1970 年，被爱称为"大型喷气式客机"的波音 747 客机投入使用。如此一来，选择乘坐飞机出行逐渐在日本普及。

1971 年，松尾先生退居二线，转任 JAL 会长。虽然他在第二年便不幸离世，但是 JAL 依然呈现迅猛发展之势。1983 年，JAL 凭借运送旅客和货物的业绩，一跃成为世界最大的航空公司。"总有一天，要成立日本人自己的民航公司，让日本的飞机翱翔在日本上空。"战败后，在被毁成废铜烂铁的飞机前，松尾先生曾这样暗暗起誓。他这种不屈不挠的精神，最终得以开花结果。

时间转到 2010 年 1 月，JAL 被迫提交破产重组申请。而临危受命担任 JAL 会长的稻盛和夫先生所提倡的也是一种不屈不挠的精神。他引用思想家中村天风先生的格言，反复强调"实现新的计划，关键在于不屈不挠、一心一意。为此，必须聚精会神，抱着高尚思想和强烈愿望，坚持到底"。这一语录还被张贴在他在 JAL 办公室的墙上。

对于稻盛先生这样的做法，JAL 的员工起初略有不解，但之后都表示理解，并下定了"JAL 非变不可"的决心。各个工作现场的员工以稻盛先生的"阿米巴经营理念"为纲，群策群力，绞尽脑汁降低成本，最终成为"没有赘肉"的组织体质。不仅如此，员工们还不忘初心、团结一致，共同归纳出了属于自己的行动哲学，从每天的晨会到每年 3 次的研修，通过不断总结、不断分享，开创了一条稳健的脚踏实地的发展之路。

裁员、减薪、放弃债权，舍弃不赢利的航线和业务，让波音 747 等机型退役……在外人和媒体眼中，通过"外科手术"重整财务的方式实现 JAL 的重建是最引人注目的。考虑到 JAL 当时高达 2 兆3000 亿日元的债务总额，这的确也不难理解。但事实上，这样的"财务止血疗法"只是"拯救 JAL"各举措中的一种。

纵观 JAL 的一线工作人员，他们不得不直面公司破产重组的事实，不得不接受公司信誉与荣誉一并瓦解的现状，并且还要从零做起，重拾顾客对 JAL 的信任和信心。这并非冠冕堂皇的口号，在各工作现场，员工们不断思考"自己能做什么"，力图将这份心意实实在在地体现在服务中。本书所提及的员工，只是他们之中的一些典型而已。

羽田机场检修区里，有一处属于 JAL 的训练设施。在其入口处的一角，摆着松尾先生的半身像。当年，出身于一线工作的松尾先生在担任社长一职后，仍然经常亲临工作现场，受到员工们的仰慕。如今，他隔着玻璃窗，依然注视着在机场起起落落的 JAL 飞机和投身于训练或研修的 JAL 员工，仿佛在温情地守护着这一切。曾经，松尾先生面对一片焦土，仍在心中深深埋下不屈不挠的精神。如今，在 JAL 经历了破产与重生后，JAL 的员工正在以新的方式，传承着这种不屈不挠的精神。

金子宽人

2017 年 2 月

目　录
CONTENTS

I

第一章

"奇迹重生" 并非奇迹
支撑 32000 名员工的 "两大原理"

通过破产重生，JAL 转变为高收益企业。其原动力是"部门独立核算制（阿米巴经营）"与"日航哲学"这两大行动原理。整个日航集团已经建立了一套体制，使得总计 32000 名员工能够学习和理解这两大原理，并步调一致地追求利润。接下来，就让我们深入现场，看看 JAL 的员工是如何努力践行它们的。

第一节 部门独立核算制

◉ 定量成套杜绝浪费

日航破产重组之际，稻盛和夫会长（现任名誉顾问）引入了京瓷"阿米巴经营"的"部门独立核算制"。2011 年 4 月，先拿 JAL 自身的主业务的核心部门作为试点，逐个导入。

在位于东京羽田机场一角的客舱乘务员专用间，分属国内外各航线的 JAL 乘务员的手持行李中，都有一件共同的东西——活页夹。活页夹里的文件包括国土交通省（日本的交通部）规定要提交的相关文件、机舱内推销商品的作业流程等。换言之，活页夹在手，与乘务工作有关的各种文件就都有了。

"机舱内商品借记卡结算水单 10 张、收据 5 张、机内商品信用卡结算水单 3 张、乘客健康状况报告单 2 张、升舱费用结算单 5 张……"在活页夹的封面上，列着应携带的文件单据一览表以及规定的携带数量。

早在 JAL 申请破产保护之前，上述单据的携带数量便已有规定。可当时的乘务员总是担心不够用，于是经常多拿多带。尤其对于规定只拿一份的文件或单据，乘务员"以防万一，多拿一些"的倾向就愈发明显。

至于那些没用完的文件或单据，有的能够在下一趟航班中发挥作用，有的则在乘务员的包里被弄脏或折弯，最后进了垃圾箱。

为了杜绝这样的浪费，日航出台了"定量成套"的措施。实际上，就是事先按照活页夹封面规定的数量装入相应的单据，组成一套。各航线乘务员根据需求将组好套的活页夹带入机舱。航行结束后，乘务员在活页夹里补充使用掉的单据后，再将含有一套完整单据的活页夹归还。

正是将固定数量的单据组套装入活页夹的方式，使得乘务员不会将携带的单据弄得混乱。如此一来，不仅多余的单据可以再回收利用，而且避免了单据污损导致的浪费。

一张文件或单据的价格不过区区几日元，但 JAL 的客舱总部共有 5000 多名乘务员。仅羽田机场一处，每天便有大约 200 趟始发航班。即便一趟航班只节约几日元，一年累积下来削减的成本也是以万为单位计算的。

◉ 甚至将成本意识落实到每个塑料袋上

部门独立核算制的最初试点是 JAL 自身的主营业务公司，之后逐年扩大。JAL 提交给投资者的报告书中写道，截至 2016 年 3 月，除 JAL 的主营业务公司外，其旗下的 50 多家子公司中，已有 31 家导入了部门独立核算制度，其所占员工比高达整个集团的 93%。如今，JAL 已然成为拥有"高收益体质"的企业，仍然努力推进该制度，力图将其渗透至企业的每一个环节。

其中，有一家较为重要的子公司，其负责飞机的检修维护业务，它的名字叫"JAL Engineering"（简称"JALEC"）。这一公司的员工人数众多，将近 4000 人，从事的业务与民航航运之间的关系较为紧密。正因为如此，JAL 领导层认为，"如果尽快在子公司导入部门独立核算制度，便能有效地改善整个集团的核算机制"。于是，在2012年4月，JALEC便开始导入这一制度，这在整个JAL集团里也算是比较早的。从5～10人的小组，到超过百人的团队，JALEC内部设置了上百个阿米巴。这家公司企划财务部的富田直彦说道："我们致力于直观地看到每个阿米巴的收支状况。"这激发了各个阿米巴的奋斗热情，为了能够多创造哪怕一日元的利润，员工们每天都在努力。

"塑料袋（S2尺寸）1日元，封箱带60日元，防尘头巾面罩627日元。"……在羽田机场的JAL飞机库，有一处属于JALEC的机体检修维护作业区。在其中的耗材存放点，便能够看到上述提示。之所以像这样把耗材的单价张贴起来，是为了让技师们拥有成本意识。对此，富田介绍说："在（JAL）申请破产保护前，维修部门只知道在提高机体的可靠性和安全性上下功夫；而在成本费用可视化管理方面，投入得太少。如今，通过实现费用的可视化管理，员工树立起了成本意识。"

阿米巴带来的好处不限于此。同属企划财务部的伊藤宽刚总经理介绍说："大家之前只把精力放在'如何缩减机体检修维护费用'上。如今不仅关注费用支出，还会着眼于'能否提高阿米巴的收入'。这种用心提升赢利能力的意识，是大家之前所不具备的。"

在导入部门独立核算制后，通过努力缩短检修维护的作业时间，技工也开始对"公司营业额"做出贡献。在破产前，技工团队会耗费整整一天来完成被指派的检修任务；如今，各团队会随机应变地处理，一个团队在完成手头的活儿之后，会主动协助尚未完成任务的团队。

这项举措好处多多。伊藤总经理说："通过合理统筹，团队能够用挤出的空余时间承接其他海外航空公司的机体检修工作，从而为公司创造收益。"

这项举措还提升了改装飞机座椅的效率，使任务得以提前完成。为了提升在国内航线中的竞争力，JAL 导入了名为"SKY NEXT"的新式客舱配置。这种配置采用了较薄的座椅设计，从而拓宽了座椅之间的空间，而且给所有座椅包上真皮，营造出了高级感。从 2013 年年中开始，羽田机场的 JAL 技师们

耗材存放点

每件耗材的单价都会用标签注明
从而培养员工的成本意识

致各位技工

该存放点的耗材用于JA665J 03C03K
的检修准备作业。

原则上请使用此处的耗材。

如果货架上没有，请到另一处耗材仓
库确认。

倘若耗材依然不够（或者没有予以配
备），请携带"申请书"向工具室申
请领取

M1工具室
（2013/03/11 REV）

请只领取检修一架飞机
所需的量　杜绝浪费

清洁布回收桶

JAL Engineering的机体检修现场
大家在努力减少耗材的浪费及送洗的次数

LUB作业时所需的清洁布
（注：LUB指各种润滑剂，LUB作业即润滑
机体部件的检修作业）

沾上了机油和滑脂，但还能使用的清洁布，
请统一放到这里！！

绝大部分清洁布都差在LUB作业时再次
使用！！

请珍惜资源，充分使用，直到清洁布完全
变黑！！

※若是需要使用诸如接合剂等刺激性化学物
品的作业，请用完布的清洁布去送洗。

洗过的清洁布还能再次使用。
请杜绝浪费！
谢谢合作

请重复使用脏污不明显的
清洁布，从而节省洗涤成本

接到了上述客舱改造任务。改造的机体为较小型的波音 737-800。起初预计在 2015 年 4 月完成任务，但实际上提前了 1 个月。在 2015 年 3 月底前，所需改造的所有飞机都已交付。这使得更多的乘客更快地享受到了这种新式舒适的座椅。

公司及部门改革之所以能够如此成功，关键在于引入"单位时间核算"的概念。依据引擎检修、航运维护、重型机械检修的作业内容为各阿米巴设定了"预估营业额"。在扣除人工成本后，将余下的利润除以作业时间，便得到了以小时为单位的"核算额"。对此，富田介绍道："检修和维护作业的委托费用并不是固定的。起初，我们一边参照海外航空公司的受托费报价，一边用半年多的时间进行内部讨论，最终制定出了内部的'预估营业额'。"不把人工成本计算在内，是为了避免出现根据工资的高低来选择技师的情况，从而最大限度地激发各阿米巴中现有员工的潜力。

刚导入部门独立核算制度时，员工们主要致力于通过削减成本和承接海外航空公司的检修及维护工作，来提升营业额。而现在，伊藤总经理介绍说：

企划财务部（从左至右）为胁川达人先生、伊藤宽刚总经理和富田直彦先生

"最近，各阿米巴跨越了彼此的界限，检修和维护总部的各部门实现了互帮互助。"比如，当引擎检修部门的月度业务数量无法达标时，负责维护机体起降和航运等工作的其他团队就会想办法向海外航空公司"讨活儿干"。换言之，每个阿米巴并非"自扫门前雪"，而是会关注其他阿米巴的业绩情况，并为了达成整体目标而齐心协力。

2014年则更进一步，开始着眼于最大限度地优化检修和维护零件的时机和频率。通常在检修飞机时，有的零件即便没有损坏，也会在一段时间后被换掉。为了尽量避免零件磨损导致的故障，一般认为"能早换就不晚换"。一旦类似故障导致航班突然被取消或紧急着陆,不但关乎安全,而且会导致航空公司收益减少,另外,事后的大修也会增加成本支出。

话虽如此,但倘若过丁频繁地换零件,则会徒然增加日常检修维护的成本。JALEC 企划财务部的胁川达人介绍说:"在 JAL 申请破产之前,公司的方针是'防患于未然,超规格维护'。"显然,这使得检修维护的成本一直居高不下。

为了解决这一问题,对于飞机引擎等重要部件,公司通过大数据来最大限度地优化更换的时机和频率。通过在相应的部件和零件上安装传感器的方式,获取相关数据(包括温度和形变等数值的变化)。飞机定期向检修部门发送这些数据。

对此,胁川说:"通过比较(部件和零件)正常工作时和临近交换时的数据,就能读取来自大数据的'将要出故障'的信息。"2014 年,先以飞机引擎为大数据的试点对象,2015 年,已逐渐扩展至其他主要部件。

JAL NAVIA（JAL集团旗下的子公司）	预约、出票……每一项皆注明"销售额"
从2014年10月起，导入部门独立核算制（大约1500名员工被分成60个阿米巴）	每名接线员都对"接线次数"及"增收策略"引起重视
	做到"下属之间合作""各网点信息共享"
	加强公司内的交流

（从左至右依次为）福冈预约中心国内部小组主管加藤朋子、统括事业中心企划部经营企划小组执行课长藤井圣子

◉ 真正体验到了"在为 JAL 做贡献"

"大家努力增加新预约和订单吧！预约 320 日元，电子票 360 日元……"在 JAL 集团的呼叫中心——JAL NAVIA 公司的办公室里，张贴着电话受理顾客订单业务的营业额。一次单纯的应答只有 280 日元，但如果顾客下单就有 600 日元，顾客当场完成购买电子票，就有 960 日元。在 JAL NAVIA，各部门的各个阿米巴都有这样的销售额明细表。之所以设定如此高的单价，是为了让接线员在工作时不仅仅停留在解答顾客疑问的层次，而是在与顾客对话交

流的过程中抓住具体需求，并最终将其转化为销售。

在福冈预约中心负责导入部门独立核算制度的国内部小组主管加藤朋子感言道："多亏了部门核算制度，员工能够切实感受到自己的接线工作的确在为 JAL 集团做贡献。"

JAL NAVIA 的员工总计约 1500 人，其网点遍及东京、大阪等地，又分为国际航线部门和国内航线部门，再加上不同接线员的职能细分，JAL NAVIA 成立了 60 个阿米巴。以加藤主管所属的福冈预约中心为例，负责国际航线的接线员超过 100 人，负责国内航线的大约 60 人，总计 160 多人。国内和国际两个部门各被分成 3 个阿米巴，各自计算自身所创造的销售额、利润及成本。

JAL NAVIA 承接母公司 JAL 集团的呼叫服务业务。在导入部门独立核算制之前，其主要收入来自母公司支付的业务委托费，且依然存在 "一小时内要接几通电话" 的绩效考核。但加藤主管说："当时大家并没有盈利意识，也不太能感受到自己接的电话在为公司的业绩添砖加瓦。" 而在导入部门独立核算制之后，由于各阿米巴的活动做到了与具体销售

将接线应答转化为实际订单从而提升JAL的乘客数量

应答、预约及出票的销售额一目了然，培养员工的盈利意识

购买该机票的截止日期是X月X日。如果是信用卡支付，您现在通过电话便能购买，您看如何？

新的预约

大家努力增加订单吧！

预约＝320日元
接线＝280日元
电子票＝360日元
QC＝□日元

☆如果顾客并非会员☆

在通话即将结束时
（态度要自然）
要不我给您发一份JMB卡
（JAL会员卡）的申请资料？

通过让顾客成为会员，增加回头客的概率和数量

呼叫中心墙上的启示，为的是提醒接线员再接再厉

额挂钩，使得员工们对提升公司业绩有了"实实在在的感觉"，进而提高了大家的工作积极性。

话虽如此，公司也并非鼓励员工一味向钱看，也不主张对顾客进行胡搅蛮缠的劝诱。JAL NAVIA 每年都会举办 4 次"满意度问卷调查活动"，活动以使用过呼叫中心服务的顾客为对象。假如一个阿米巴的顾客满意度达标，其既有的销售额就能再加上若干个百分点，这被称为基本品质收入。之所以出台这种考核方式，是为了促使接线员真正做到"想顾客所想，急顾客所急"。有时候，电话另一头的顾客并不能清楚地表述自己的希望或困惑，这就需要接线员用心倾听并尽力提供帮助。接线员倘若不能站在顾客的立场上思考和应对，便无法维持顾客对其服务的高满意度。对此，加藤主管感言："作为部门独立核算制的一环，在导入'基本品质收入'的考核方式后，大家的服务意识有了提升，也多了一个努力目标，那就是'让顾客不后悔打这个电话'。"

JAL NAVIA 于 2014 年 10 月正式导入部门独立核算制。但是这个过程并非草率地重速度不重质量的。早在一年前，公司就开始进行细致的准备工作。

2013 年秋，JAL NAVIA 便从各网点各选出一名"独立核算制推进负责人"。这些负责人先前往东京，接受若干次名为"阿米巴研讨会"的培训。在培训过程中，这些负责人学到了诸如"何为部门独立核算制""JAL NAVIA 的收入组成及计算方式"等具体知识。回去后他们把学到的知识传授给自身所属网点的员工，使大家都能提前学习到阿米巴经营模式。

通过这样的反复学习后，在 2014 年 7 月，JAL NAVIA 召集全体员工，举办了说明会，将部门独立核算制的具体流程和操作方式直接教给大家。

不仅如此，软件系统方面也同步跟进。2014 年 4 月，先以 EXCEL 表格的方式小规模导入部门独立核算制；到了 2014 年 10 月，IT 部门对 JAL 集团的会计管理系统"JEDAI"进行修改，使其成为与 JAL NAVIA 的部门独立核算制适应的会计系统。这标志着这一新制度正式在公司内部落地实施。

◉ 超额完成也得道歉

部门独立核算制并非只是一线员工的课题，连经营管理层也在率先实践。其标志之一便是每月一次的"业绩报告会"。

"上个月的实际营业利润超出原先目标值 15%，十分抱歉。"该业绩报告会的与会者将近百人，包括 JAL 主营业务公司的各部长和各子公司的社长，共计 70 人，还有 30 多名会议的旁听人员。在会议现场，你时不时能够听到发言者进行诸如此类的道歉。之所以表示歉意，是因为"超额达标"，虽然听起来很美好，但究其背后的原因，无外乎两点：一是目标设得太低，二是没能充分预测外部环境的变化。一旦出现超额达标的情况，与会者便会共同分析超额的原因，并据此设定或调整次月的目标。通过这种每月一次的"业绩报告会"，与会干部们的企业经营意识不断得到提升。

万事开头难，"业绩报告会"也并非从一开始就发挥出了上述成效。在起步阶段，有的部长只是简单地发言道："上月的营业利润目标圆满完成。"时任 JAL 会长的稻盛先生闻后大怒："（你）定的目标这么低，完成是理所当然的！"

各部门每月所设定的"下个月营业利润目标"其实体现了其负责人的经营意识。倘若由于害怕完

集团业绩报告会	JAL主营业务范围内的各部门和集团下的主要子公司	每月召开一次时长一天半
扩大业绩报告会	除上述子公司以外的国内子公司	每月召开一次时长半天

＊由于JAL集团旗下子公司众多，每个月在总公司召开两次会议，在冲绳召开一次会议。各公司代表都会参加其中的一次。

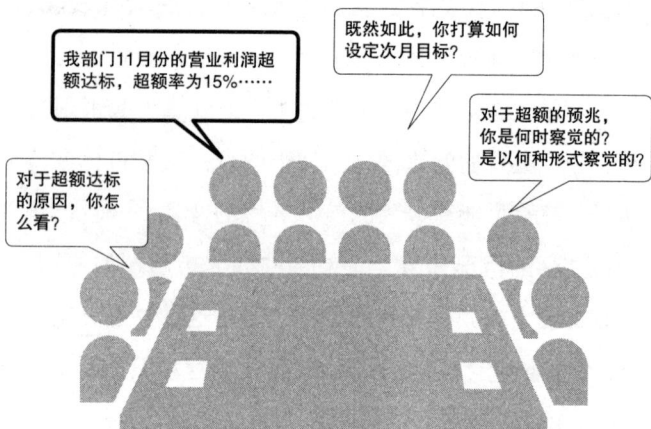

既然如此，你打算如何设定次月目标？

我部门11月份的营业利润超额达标，超额率为15%……

对于超额的预兆，你是何时察觉的？是以何种形式察觉的？

对于超额达标的原因，你怎么看？

在月度"业绩报告会"上，即便出现"利润超额达标"的情况，也要求说明原委

不成任务而设定低目标，这种胆怯的心境便会通过具体的数字传递给整个部门的员工，还会让员工觉得自己不被领导所信任。

当然，也不能有勇无谋地设定过高的目标。各部长身为负责人，必须冷静评估部门的现有实力，

并基于自身坚定的意志，逐步且缜密地增加数值。在此基础上，各部长还必须将数值背后的想法和意识传达给部门员工，确保全员齐心协力、意志坚定地挑战高目标。在这种团结一致的氛围下，一旦目标达成，那种成就感和喜悦感则会进一步提升部门的凝聚力。

在这样的氛围下，对于诸如"如何进一步赢利"等问题，员工们逐渐养成了积极主动思考的习惯。一旦员工的主观能动性被调动起来，作为负责人的部长在设定目标时自然就能更有底气。这样一来，即便制定的月度目标未能完成，部长也能在会议上思路明晰地阐述未完成的原因及下个月的改善举措。通过这样的良性循环，各部长和下属员工每个月不断实践全员参与经营的模式，从而为"业绩报告会"赋予了现实意义。

在"业绩报告会"上，每位与会者都会拿到一张 A3 纸大小的核算表。上面密密麻麻地写着各部门的营业额、成本费用、营业利润以及前面介绍过的"单位时间核算额"等内容。第一次接触的人可能看不太懂，但这并不是需要具备财务会计知识才能搞明白的专业文件。凡是出席会议的部长,不管被问及什么问题,但凡关乎自身部门,则都必须做到对答如流。

有一次月度"业绩报告会"上,稻盛先生拿着A3纸大小的核算表问道:"这个月为什么这里费用高这么多?"全场顿时紧张得鸦雀无声。原来,通过核算表中的数字,稻盛先生发现欧洲地区的费用骤增。后来经过调查得知,这是欧洲某个机场的JAL乘客休息室发生漏水,导致水费增加。

万事无小事,必须像稻盛先生那样,能够真正读懂核算表上的数字,并发现其中哪怕细微的波动,才能将可能对企业经营造成重大恶性影响的问题扼杀在萌芽阶段。

◉ 一线员工也要懂账目

在JAL,看懂业绩核算表不光是对领导层的要求,就连一线员工也必须做到这点。

2014年10月,JAL NAVIA开始正式导入部门独立核算制。从那之后,各小组每月都会举办一次学习会,为的是让全员都明白该如何读懂核算表。像加藤主管这样的组长必须定好每次学习会的主题。在会上，大家一起详细讨论和学习如何解读每个数字的意义，如何发现数字变动背后所隐藏的信息，以及如何制定各小组的业绩提升目标等。

为了让一线员工更为轻松地理解部门独立核算制，加藤主管钻研出了自己的一套办法。比如，以记录每月各部门收支的核算表为素材，设计一些谜题，逐渐引导员工解谜；而在设定下个月的目标时，则把每名员工的月度接线数量及销售额表示成类似游戏中的实力值，并在此基础上设定下个月的侧重点，从而使员工心服口服。

一旦有个别员工未能完成目标，则小组全员都会进行反思及讨论，大家一起思考未达标的原因，并研究下个月的对策。很显然，倘若只是一味地责备未达标这个结果本身，不管是对员工本人还是对上司而言，都是毫无实际意义的。所谓全员讨论、全员思考，并非放任自由的撒手政策，而是为了总结教训、实施 PDCA（PDCA 是 Plan－Do－Check－Act 的简称，也被称为循环式品质管理），进而改善下个月的业绩。

在刚导入部门独立核算制之后的一段时间里，实际业绩与目标之间一直有很大波动，或超额完成，或相差较远。为此，大家每个月坚持认真分析原因，最后有了很大改善。

对此，加藤主管说道："（通过分析和改进后）我们提高了设定目标的准确度。目标与业绩开始变得一致。"

部门独立核算制在 JAL NAVIA 逐渐落地生根，其带来的成效不单体现在业绩数字上。随着"学习会"的不断举办，员工们的精神状态也发生了转变。加藤主管介绍道："之前，在学习会上，副主管都会向大家介绍其他部门或 JAL 旗下公司的一些成功案例，譬如别人是如何设定高目标并最终实现的等。最近，员工们开始主动提出要求，希望了解更多的成功案例。"员工们不仅努力提升销售额，还逐渐具备了削减成本的意识，包括减少纸张的复印数量，尽早提交文件等。这也减轻了总务部的加班负担。

在刚导入部门独立核算制度时，加藤主管很犯愁，担心大家不能理解，变成自己唱独角戏……通过核算表，每个人每天的接线数量等一览无余。但公司并非把这些数字视为评价员工的唯一依据。加藤主管对此解释道："身为管理人员，我们一直在努力体恤员工，认真关注每个人的工作状态，力图在他们身上找到数字所无法体现的优点。我们会赞赏他们，并鼓励他们审视自我、评估自我，设定与自身情况相符的目标，从而实现全员矢量一致。"

在正式导入部门独立核算制度的半年后，也就是 2015 年春季，加藤主管逐渐感受到了成效。她回忆道："当时正值四月，有新员工入职。讲解部门独立核算制自然也是新员工教育的一环。让人欣慰的是，讲解的人既非主管也非副主管，而是公司里较为年轻的普通员工。看到那些年轻人在讲解时笑着说'我自己当初也是一点点搞懂的'，我就知道这事儿（部门独立核算制度）能成。"

在 JAL NAVIA 东京总部负责导入部门独立核算制的藤井圣子是统括事业中心企划部经营企划小组的执行课长。她介绍道："（自从导入这一制度后），我逐渐在员工中听到了原先听不到的声音。许多员工在面对请假问题时说'如果自己突然请假，会导致排班表出现空白，电话接线数就会少几十通，最终影响销售额'。"预约呼叫中心通常规模较大，有的地方甚至会坐满几百名接线员。如果一名接线员请假，其造成的影响原本难以评估。可一旦有了部门独立核算制，每个人的业绩便实现了可视化，这样就自然而然地激发了员工的责任感。

部门独立核算制的成果，最终在业绩上得以体现。2016 年 3 月的半期财报显示，JAL 的营业利润为2091 亿日元，这个数字对 JAL 自身而言是史无前例的。高达 15.7% 的利润率，这在全球所有航空公司之中也是首屈一指。

第二节　日航哲学

◉ 杜绝黑心企业的行动哲学

纵观社会，我们可以看到许多高收益企业为了追求利润，有的强迫一线员工超时工作，有的不断对代工厂压价，前者被称为黑心企业，后者则属于压榨下游。这些行为皆有违商业道德。

在 JAL，除了上一章介绍的部门独立核算制外，还有规范员工行为的一套准则，其名为"日航哲学"。部门独立核算制和日航哲学如同自行车的两个轮子。前者确保企业获得不可或缺的收益，后者防止企业误入歧途，并以健康的状态实现可持续发展。对于本章开始提到的两种行为，只要参照日航哲学中的"以'作为人，何谓正确？'进行判断"和"光明正大地追求利润"，便能知道它们是不正确的。

只顾自己

希望增加销售额，因此打算自己包揽之前委托他方的检修工作

压榨下游

希望增加利润，因此打算让下游厂商降低供货价格

日航哲学

此行为"正确"吗？

（%）
20

营业利润率（右轴）
15

在申请破产前，JAL的营业额颇高，但利润较低，且利润率波动剧烈

10

重生后的JAL虽然营业额有所下降，但却实现了高收益，且利润率保持稳定

5

0

（兆日元）
2.5

-5

营业额（左轴）

2

1.5

1

0.5

0

2002 2003 2004 2005 2006 2007 2008　　2011 2012 2013 2014 2015 2016
年度　　　　　　　　　　　　　　　　　　　　　　　　　　（估值）

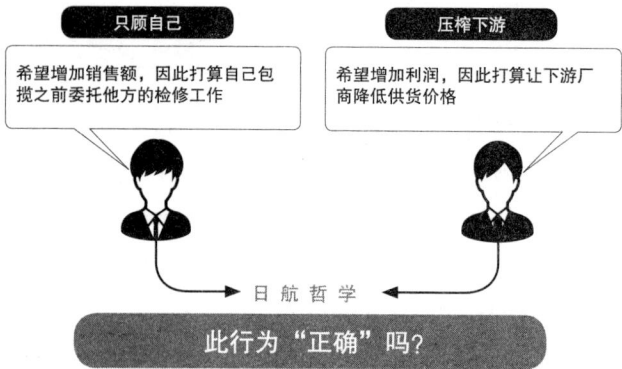

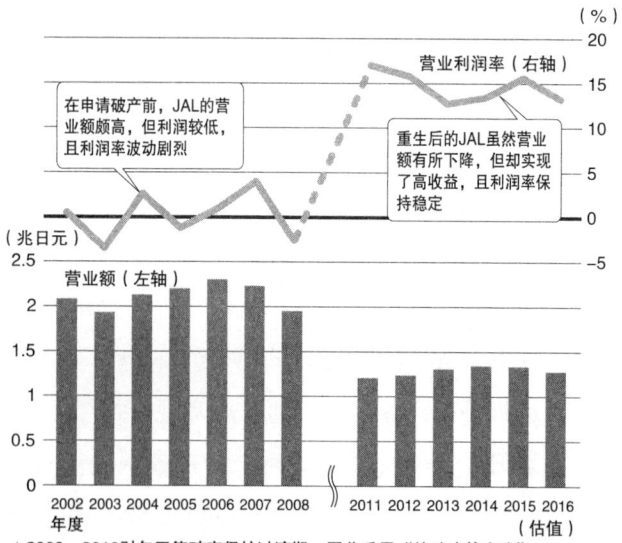

＊2009、2010财年正值破产保护过渡期，因此采用"特殊决算方式"。

全体员工以日航哲学为纲，进行思考并付诸行动（上）。通过让阿米巴经营理念深入人心，确保JAL实现稳定的高收益（下）。

不少企业都有自己的经营方针或理念，而 JAL 的亮点在于不仅制定自己的哲学，还不遗余力地将其渗透至每名员工心中。全体员工致力于以同样的思维方式为基础，持续营造将百分之百的热情投入到工作之中的氛围。

"给顾客写好信后，在寄出之前，我会先请五个人过目一下。""在向营业部出示提案书后，我会紧张而认真地关注对方表情的变化，倾听对方给出的意见。"

2015 年 10 月上旬，40 名 JAL 集团员工齐聚羽田机场内的研修中心，一起接受名为"日航哲学教育"的培训。职位和制服各异的员工围着桌子，热情洋溢地参与讨论。当天的主题是"在工作中做到有意注意"，大家都阐述了自己的心得和想法。

培训长达两小时，但大家毫无倦意，认真专注地投入其中。JAL 集团的大约 32000 名正式员工和工作在各地机场的劳务派遣人员，每年都会接受三次这样的培训。

负责这一培训活动的是被称为"促进者"的各岗位的在职员工。他们由上司推荐而当选，之后他们会离岗一年，专注于"日航哲学教育"的相关工

每人每年接受三次培训，每次时长两小时

学习日航哲学
（这一该教材收录了稻盛
先生的演讲等）

日航哲学手册
（员工人手一本的便携
小册子）

每名员工平均每年接受三次名为"日航哲学教育"的
培训

回执单
（研修时记入参加
者的信息）

负责在整个JAL集团普及
日航哲学的推广促进小组
成员。他们用整整一年时
间，专注于企业哲学的落
地及相应教材的编写

028

作。他们承担从教材开发到安排培训的全部工作。对此，人事总部意识改革·培训推进部的野村直史部长介绍道："我们不委托外部的培训公司或员工教育部门的同事，而是让一线员工亲自当讲师，这使得学员更容易敞开心扉、认真倾听。"

◉ "意识改革"是关键课题

作为 JAL 员工行动指针的日航哲学，其发表时间为 JAL 濒临破产后的第二年，也就是 2011 年 1 月 19 日。在当时的记者见面会上，JAL 同时宣布将再次启用"鹤丸"这一商业标识。当时的媒体都把注意力放在了复活"鹤丸"标识上，基本没有关注"日航哲学"的话题。但对 JAL 的员工而言，日航哲学为他们揭示了在日常工作中应秉持的基本思维方式，其重要性丝毫不逊于"鹤丸"标识。

日航哲学的具体制定过程几乎没有被详细公开过。而一旦抽丝剥茧地分析其制定过程，便能明白为何它能够跨越工种、岗位和职务的鸿沟，进而成为深入 JAL 全体员工心中的共识。

在 JAL 破产后，2010 年 2 月临危受命接受 JAL

会长一职的稻盛先生不辞辛劳地与公司干部开展讨论，并认真视察一线员工的工作现场，从而把握了JAL当时的经营状况。在上任一个半月后的3月17日召开的记者见面会上，稻盛会长说："我试着努力充分把握JAL这个企业的整体形象。但恕我直言，JAL没有明确的责任体制，也缺乏拥有创业者精神和让公司发展得更好的满怀激情的员工。我认为日航应该着力培养出这样的员工。他们是在各种形势下，都拥有创业者精神的人，是虽然表现得粗枝大叶但是具备坚强毅力的人。"

换言之，稻盛会长感受到了JAL全体上下迫切需要进行意识改革。对干部和管理层也好，对一线员工也好，皆是如此。

从那之后，在每月例会上，稻盛会长都会反复阐述意识改革的相关内容。

在2010年4月28日的会议上，他说道："当前，在公司的状况依然严峻的形势下，全体员工通力协作，我深感欣慰。今后，我打算一方面切实推进财务接管人（公司申请破产保护后，法院所指定的第三方财务接管人，其负责破产清算、公司重组等工作）所制定的公司重组计划；另一方面则从核算制度入手，优化组织结构。虽然我仅仅上任了三个月，但我希望同时着力推进全体员工的意识改革。"

而在同年 5 月 25 日的会议上，稻盛会长还指出："要想对 JAL 实施全面有效的改革，我认为一方面要建立能够提高企业收益的新的组织体制，另一方面需要对包括中层干部在内的公司管理人员进行意识改革。大西社长已经成立了直属组织，并在努力开展意识改革工作。之所以这么做，是为了构建新的企业经营哲学，并将其与全体员工共享。以此为基础，大家齐心协力地为重建公司而奋斗。各位上层干部自不必说，中层干部也要参与进来，策划研修会等。我虽力量微薄，但也全力推进意识改革，传授过去积累的企业经营改革的经验，为培养员工和干部不遗余力。我相信日航一定能成功重建，并成为一个高收益的企业。"

◉ 集中开展"领导人教育"活动

按照稻盛会长的上述讲话，JAL 开展了名为"领导人教育"的活动。干部们集中学习了稻盛经营学的内容，包括经营十二条、六项精进，以及对稻盛经营学影响颇深的中村天风的格言录，还有稻盛会长通过创立和经营京瓷所领悟到的阿米巴经营和京瓷哲学等多方面的内容。

领导人教育的对象主要包括全体董事会成员及主要部门的部长级员工，共计约50人。他们每周抽出两个工作日外加周六来接受该培训，有时还会住在一起集中学习。2010年6月，他们花了整整17天，集中聆听了稻盛会长的教诲。

一位参加过领导人教育活动的干部感言道："换

直至今日，稻盛先生阐述的企业理念和日航哲学依然被贴在JAL公司里的各个地方（羽田机场内的研修中心）

作现在,大家肯定会因为工作安排问题而无法聚在一起学习。JAL 申请破产后的那段低潮期,恰好给了大家学习和充电的时间。我觉得领导人教育活动可谓 JAL 重生的契机。"

在前期的领导人教育活动中,稻盛会长阐述了自己为何会为了拯救 JAL 而出任会长,还解释了企业哲学为何如此重要。这些关键的问题,他几乎每次必讲。

身为学员的领导干部们起初对稻盛会长讲的内容半信半疑,结果屡次被他训斥道:"我看你们啊,根本没听懂!"但是,通过不断深入体会稻盛会长力图拯救 JAL 的一片赤诚之心,干部们逐渐敞开了心扉。领导人教育活动结束后,在同年 7 月 28 日召开的例会上,稻盛会长宣布,公司改革将迈入下一个阶段。

他当时说道:"JAL 要想重生,经营者的意识改革是关键。围绕领导人应具备的哲学思想这个主题,我凭借自己一点点微薄的经验,在公司内部开展了相关的学习活动。承蒙公司同人的热心响应,我能切实感受到,与我上任的 2 月相比,JAL 的企业氛围开始有了变化。今后,我希望各位干部能够积极讨论和研究，从而在年内制定出日航的经营理念和经营哲学。"

这番发言，可谓稻盛会长对外正式宣布"日航哲学制定计划"的历史性瞬间。

至于稻盛会长在上述发言中提及的经营理念，比日航哲学要简短，类似于一种企业口号。当时，以大西贤社长为代表的董事会成员在研究讨论后，便公布了 JAL 的经营理念。在一些当事人眼中，经营理念反映了公司高层的意志。

与之相对，日航哲学的诞生则较为耗时。当时的大西社长从参加领导人教育活动的 50 名学员中选出了 11 人，他们分别来自航运、检修、客舱、地勤、货物等现场部门，包括时任航运总部部长的植木义晴先生及时任客舱总部部长的大川顺子女士，大西社长自己也作为成员加入其中。名为日航哲学研讨工作小组（简称 WG）的组织至此成立。WG 还请到了稻盛先生的得力助手——大田嘉仁先生担任咨询师。他和稻盛先生一起，为 JAL 的重建付出了大量心血。对于 WG 的会议，他也是每次必参加，且热心关注成员的研讨过程。

当时，JAL 的破产重组计划还未获得通过，社会舆论普遍唱衰，不少人认为"JAL 搞不好会二次破产"。其实在 JAL 公司内，展望将来的行动已然展开，日航哲学就像一个婴儿，在外人不知晓的情况下呱呱落地。

⚫ 解读京瓷哲学

话虽如此，但毕竟时局紧迫，当时的 WG 成员的确没有悠悠然讨论的条件。一名成员回忆道："目标是在申请破产重组的第二年年初（2011 年 1 月 19 日）之前，制定出企业理念和哲学，并告知全体员工。"WG 于 2010 年夏天成立，因此时间只有短短半年。当时，全体成员几乎每周开会，推进计划。

当时，他们的首要任务是解读京瓷哲学的 78 条。WG 成员介绍说："（当时）每次学习 10 条，大家一边解读其意义，一边讨论其对 JAL 的现实作用，包括是否应该将其纳入日航哲学，以何种形式将其体现在日航哲学中等。"

京瓷哲学原本便是普遍适用的经营哲学，因此 JAL 直接照搬也可以。但对 WG 成员而言，"将他家哲学转化为自家之物"这个过程至关重要。

一次 WG 会议上，大家正在学习京瓷哲学中的一节：倘若用心钻研经营，核算表里的异常数字便会自动跳入眼中。

正当成员们对这句话感到困惑时，一个人的声音打破了沉默，他便是时任航运总部部长的植木先生。他说："这个我懂。驾驶舱仪表的数字一旦有异常，我的眼睛就会下意识地发现。"

他话音刚落，一名检修技师出身的成员也说："在检修现场，有时光凭气味就能知道机体部件有问题。"

"听起来或许不可思议，但事实的确如此。"回忆当时的情景，植木先生笑着感叹。一旦用心钻研，就能到达这种境界。类似的醍醐灌顶般的体验在 WG 会议上屡屡发生，而在该过程中，成员们逐步理解和消化京瓷哲学，最终成为日航哲学的血肉。而植木先生那有关仪表数字的体会，至今仍然收录在日航哲学的解说文章中。

除了借鉴京瓷哲学的部分之外，日航哲学也有属于自己的原创条目。比如，"对珍贵的生命负责的

《与年轻人谈稻盛哲学》

作者：[日]高岩 定价：32.00 元

这是一本经营管理者落地稻盛哲学，人手必备的经营策略指南书。

《空巴：稻盛和夫手把手教你如何践行阿米巴》

作者：[日]北方雅人 [日]久保俊介
定价：32.00 元

一位顶天立地的经营之圣，深入探究稻盛经营的内部机理，揭开空巴的神秘面纱。稻盛和夫说空巴的意义及方法。

盛和夫：让工作快乐起来！》

者：[日]锅田吉郎 定价：32.00 元

上自己的工作，才会有美好的
来！

《稻盛和夫：什么是经营者？》

作者：[日]日经企业家领袖 定价：32.00 元

什么是经营者？稻盛和夫告诉你如何做一个合格的经营者。

扫描二维码
关注活法微信公众号
分享活法 传递稻盛哲学
团购电话：18613361688

扫描二维码
了解"稻盛和夫专题"

稻盛和夫

1932年出生于日本鹿儿岛。毕业于鹿儿岛大学工学部。创办京瓷公司和KDDI两家世界500强企业，并用一年时间重建日本航空扭亏为盈，创造日航历史上最高利润。央视专访多达7次。代表作《活法》《京瓷哲学》《思维方式》等。

稻盛和夫写给全世界孩子的书

《培育孩子的美好心灵》
定价：38.00元

《活法》亲子实践版。稻盛和夫引导你！让孩子拥有正确的思维方式

新

孩子
培育的
美好心灵
稻盛和夫 编著

稻盛和夫送给孩子的
人生哲学启蒙书

未来就在孩子手中！
铸就孩子美好心灵的**教科书**

➤ 活法系列

《活法》：稻盛和夫的代表作，回答"人如何活着"，即"人生意义和人生应有的状态"，是风靡全球的超级畅销书。马云、季羡林、郎咸平强力推荐，中国的销量超过**440**万册。

《活法贰：成功激情》：第一次系统阐述"成功方程式"，以及个人心性与企业品格的关系。

《活法叁：人生的王道》：遵循稻盛和夫哲学的原则，找到属于自己的王道，在平凡中成就不凡。

《活法肆：开始你的明心之路》：讲述稻盛哲学形成的心路历程。

《活法伍：成功与失败的法则》：阐述了成功与失败的基本逻辑。

《活法：你的梦想一定能实现（青少年版）》：稻盛和夫写给全世界青少年的一本书。

工作"体现了航空公司的安全意识,"每个人都是日航"强调了各工种和岗位的员工都必须拥有自己代表着公司的主人翁精神和责任感,"最佳交接"彰显了员工们分工合作、团结协力的重要性……日航哲学的各条目都是日航员工重要的行动指针。

WG 起草完哲学条目后,其内容提交至 WG 事务局。事务局的相关人员则向日航各部门的现场征求意见。通过一对一的方式,每个人平均数十分钟到一小时不等,从普通员工到课长级管理层,事务局人员听取了许多人对日航哲学草案的感受与意见。为了让一线员工能够充分理解和接受,直到截止日,事务局都一直在对哲学内容的文案脉络、表达方式、所举事例等进行诸多调整。

对于日航哲学的装帧方式,大家也进行了一番研究和讨论。为了让集团全体员工便于携带、随时翻阅,相关负责人从小卡片等几个方案中选中了小册子的形式,为的是让各部门的现场员工能够将它放在上衣口袋里。此外,为了不让小册子在几个月后被翻得破破烂烂,大家想出了使用塑封封面的方案,从而使小册子耐磨耐用。

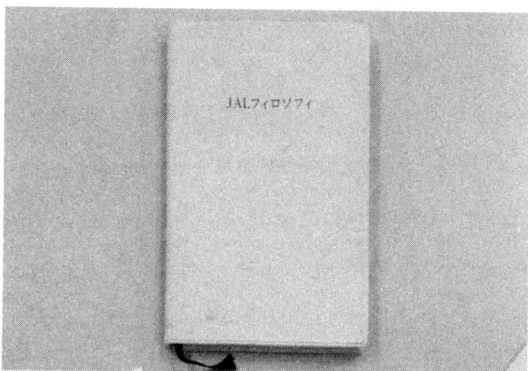

为了让员工便于携带、随时翻阅，日航哲学手册采用了较为耐磨的塑料封面

日航哲学的主要条目

人生·工作的结果=思维方式×热情×能力
以"作为人，何谓正确？"进行判断
拥有谦虚、坦诚之心
在相扑台的中央发力
要把事情简单化
事物本身兼备两面性
工作时要"有意注意"
自我燃烧
每个人都是日航
成为旋涡的中心
对珍贵的生命负责的工作
常怀感谢之心
从旅客的视角观察
销售最大化，费用最小化
光明正大地追求利润
经营要依据正确的数字
最佳交接
矢量一致
乐观构思 悲观计划 乐观实行
树立高目标

◉ 学无止境

2010 年 12 月，在位于东京天王洲的 JAL 总部董事会会议室里，WG 成员在做现场报告。作为经营会议中的重要一环，报告内容涉及日航哲学的各项条目及制定过程。

日航哲学的最终定稿收录了 40 项条目。虽然制定的时间较为紧张，仅有短短几个月，但参与其中的不仅有经营管理层，还有普通一线员工。它囊括了一线员工的意见和建议。可谓是接地气、有针对性的实用内容。一名 WG 成员感叹道："这是全体员工共同完成的企业哲学。"

WG 成员当时在天王洲总部做报告时，稻盛会长全程认真聆听。报告完毕后，他点评道："在这么短的时间内取得如此成果，你们很努力。"

这番点评，既是对 WG 成员、事务局和 JAL 集团全体员工的肯定，也标志着这一众人团结协作的成果——日航哲学，正式宣告完成。

从领导人教育活动到制定日航哲学，一名见证其整个过程的 JAL 干部回忆道："纵观 JAL 的历史沿革，公司从未如此迅速有效地完成过这样重大的项目。"面对破产的打击，员工们苦苦摸索新的干法。幸亏稻盛会长前来指点迷津，向大家开示新的企业理念和哲学，并迅速将其推广，在整个集团普及。但这并非终点，日航哲学的深层现实意义，还在于今后的企业发展之路。一名 WG 成员谦虚地说道："如今公司业绩良好，但将来才是关键。所有日航人都不能忘却孜孜不倦的态度和精神，因为学无止境。"

现在看来，大西会长也好，植木社长也罢，这些制定日航哲学的中流砥柱迟早也有退休的一天。企业的外部环境会变化，经营业绩也会波动。如何做到一心不乱，如何让日航哲学成为不断传递给新员工的精神火炬，这才是整个集团的立足之本。

第二章

员工是第一财富
JAL 的育人现场

对从破产危机中浴火重生的 JAL 集团而言，最大的财富究竟是什么？是最新的机型或座椅？还是丰盛的机内餐或客舱乘务员优质的服务？植木社长认为，这些皆非正确答案。他直言不讳地公开表示："JAL 集团最大的财富是员工。"

　　整个 JAL 集团的员工多达 32000 人。他们如何在企业内获得成长？如何让他们最大限度地发挥才干？让我们走进 JAL 的育人现场来一探究竟。

第一节 新员工教育

◎ 入职当天回顾破产危机

"2010 年 1 月，正值我获得 JAL 的录用通知后不久，JAL 正式申请了破产。我当时在电视上看到这则新闻，心里想着，'啊，又得重新找工作了'。"

负责新员工教育的主管辻奈奈是 J-AIR（J-AIR 是 JAL 集团旗下的公司）的客舱乘务员。她的这番话震撼了接受教育的 30 多名新员工。3 个小时前，他们还在参加入职仪式，脸上洋溢着踌躇满志的笑容。而此刻，他们的表情瞬间凝重，个个认真倾听着辻奈奈的讲述。

2016 年 4 月 1 日，1468 名新入职员工齐聚羽田机场的大型仓库，他们之中既有应届毕业生，也有往届毕业生。上午进行入职仪式，下午就开始了新员工培训。大家每 30 人分为一组，接受为时 4

天的教育。而他们的第一课便是"回顾 JAL 的破产危机"。

辻奈奈接着说道:"(我当时)走上工作岗位后,深深感受到了身为破产企业员工的酸楚。在客舱服务乘客时,稍有不周,乘客就会把'怪不得你们 JAL 会这样……'之类的话甩过来。我当时觉得,只有进一步提升服务质量,否则乘客是不会买账的。"

后来,面对逆境依然坚守工作岗位的辻奈奈终于看到了一丝曙光。那是在 2011 年 3 月也就是东日本大地震发生后不久。她回忆道:"地震发生的第二天,我正在伊丹—山形的航班上负责乘务工作。其间,一位乘客递了一封信给我,信中写道:'几天前,我去参加母亲去世的二周年祭奠,结果由于地震而难以回程。多亏有了你们的航班,我才能回家。虽然你们目前处于媒体的风口浪尖,但请不要放弃,不要止步。'当时又是破产危机又是地震灾害,我心中其实很受打击,而那位乘客的感谢信给我带来很大的慰藉。"

"回顾破产危机"为何会成为 JAL 新员工教育的第一课?对此,辻奈奈回答道:"那些没有经历过破产危机的新员工，如果不了解那段历史，不知道当时的 JAL 给多少人造成了困扰，就难以树立不再重蹈覆辙的坚定目标，也无法作为合格的 JAL 代表，以谦逊、端正的姿态面对乘客，更不用提常怀歉意及感恩之心了。"

本书的第一章已经介绍了日航哲学中的条目之———"每个人都是日航"。这句话不单适用于在机场或机舱工作的直接服务乘客的工作人员，也是 JAL 集团全体员工都必须珍视的座右铭。不管身处何种岗位，在面对自己的顾客时，都不能忘记自己代表着整个日航。无论职位高低，无论新老员工，皆无例外。JAL 的目的很明确：不把自己濒临破产的历史视为忌讳，而是正视这一情况，分析原因，从而让全体员工理解其企业哲学的本质。

作为"回顾破产危机"的一个教育环节，新员工还要观看约 10 名 JAL 员工的受访视频。在视频中，那些员工和辻奈奈一样，讲述着自己的个人感受。从 JAL 申请破产当天的心境，到同心协力使企业浴火重生的过程，这些来自第一线的真挚声音，传入了新员工的心中。

2016年度的JAL新员工入职仪式。前专业棒球运动员松井秀喜作为嘉宾出席，与新员工们一起参加了"放飞纸飞机"的典礼（上图）。负责新员工教育工作的辻奈奈（下图）。

另外，辻奈奈还会讲解申请破产保护的原因。当时的 JAL 一直保留着不赢利的航线和不必要的大型客机，企业的成本居高不下。在此状况下，又碰上航空油品价格的大幅上涨和雷曼兄弟危机（2008年，美国雷曼兄弟银行由于投资失利而申请破产保护，从而引发了全球性的金融海啸）导致的国际航线客运量骤减，使得 JAL 的经营环境极度恶化。即便如此，当时的员工依然缺乏主人翁意识，对核算数字也十分迟钝。解决方案一拖再拖，最终导致资金链断裂，不得不以法律手段请求帮助。

申请破产保护时，JAL 的负债额高达 23000 亿日元，其中的 5200 亿日元被债权方放弃（债权放弃是指债权方承诺免除债务方债务的行为，这在日本民法中被定义为债权放弃）。申请破产保护后，有 16000名员工离开了 JAL。他们之中，有的是自主离职，有的是因所在的子公司被 JAL 集团出售。辻奈奈坦诚地向新员工们讲述这一切，丝毫不藏着掖着。JAL 虽然从破产中重生，但其付出的代价也是巨大的。按照破产重组计划，JAL 逐渐增加小型客机，提早淘汰旧型客机，取消亏损的航线，征集员工离职意向并修改工资制度，出售与航空关系不大的业务……

除了像这样介绍 JAL 破产事件对社会的具体影响，辻奈奈还会为新员工留出充分的思考和总结时间。"当时通过报纸或电视得知该消息时，心中有何感想？""看了 JAL 员工的受访视频后，有何心得体会？"通过这样的研讨主题，JAL 的那段破产历史不是新员工听过就算的故事，而是真正融入他们的意识，成为他们引以为戒的警示。

日航不仅经历了破产危机，还在 1985 年遭遇了123 号班机空难。这一事件也是新员工们必须了解的惨痛教训。JAL 每年都会组织新员工前往坠机地，也就是群马县上野村的御巢鹰之山脊，举行告慰遇难者的慰灵登山活动。如今，日航集团的员工九成以上都是在该空难发生后入职的，而新入职的员工基本都是出生于该事故发生后。

空难发生后，在坠机地点的周边地区铺设了登山道，那些被机体截断的林木和烧焦的山地如今仍然依稀可见。在走到位于坠机地点的"升魂之碑"后，如果沿着山道继续前行，便能看到两侧零零星星的遇难者追悼碑和姓名标识。这些都是遇难者的家人所立，所选地点都是遇难者的遗体发现地或遗物发现地。新员工亲历目睹，认识到空难事故的惨状和影响，从而将安全航运的重要性铭记于心。

◉ 思考、写下、发言、讨论

另一个体现 JAL 重视新员工教育之处是通过设置"思考、写下、发言、讨论"4 个环节确保新员工有足够的时间消化教育内容。

"把这 3 点归纳为'职场'如何？"在新员工教育活动第三天的下午，他们每 6 人分为一组，积极活跃地交换意见。小组成员围坐的桌子上放着一张绘图纸，绘图纸上散放着数十张浮签，就如同日本人正月时玩的歌牌游戏一样。绘图纸的中间写着 JAL为之努力的目标：成为"全世界乘客首选和最爱的航空公司"。要达成该目标，公司应该具备哪些特质呢？为了促使新员工独立思考该问题，JAL 故意在新员工教育中导入这样的团建项目。

先让每名新员工以"全世界乘客首选和最爱的航空公司"为题，把自己认为其应具备的特质都写在浮签上。选择航空公司的主体并非只有乘客，还包括股东、社会、员工等。对新员工而言，能站在不同人的立场上放飞思维，也是一种非常有价值的想象训练。

完成这一步后，小组成员们便开始整理一大堆写好的浮签，进行分类，然后贴在绘图纸上。至于如何分类，并没有既定规则。全体组员必须一起思考相关问题，包括如何分类才更为合理，如何分类才简单易懂，如何分类才有说服力等。

各小组讨论和总结完成后，他们的劳动成果，也就是这幅绘图纸会被贴在墙上，向所有新员工展

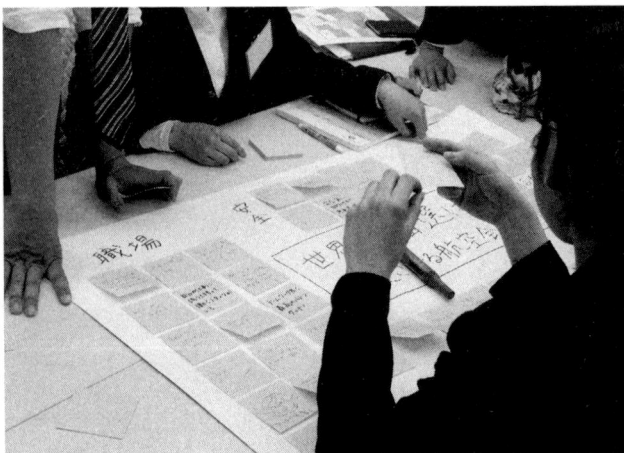

把"全世界乘客首选和最爱的航空公司"应具备的特质都写在浮签上

示。他们参观学习完毕后，要选出自己将来希望参与的项目，再回到自己的组里，向其他组员报告自己的选择，然后进一步展开讨论。

从一开始的写浮签，到最后的收尾讨论，身为教育主管的辻奈奈会说明流程和掌控时间，但除此之外，她几乎不去干涉新员工个人和每个小组得出的意见和建议。因为活动的宗旨是让新员工发散思维、自由讨论。

次日，也就是新员工教育活动的第四天，还是以绘图纸为媒介，将新员工分组。这次要求他们归纳行动方针。新员工们参考 JAL 集团企业理念、日航哲学、中期经营计划、JAL 集团所要求的人才特质等学习资料，以"作为 JAL 集团的一员，今后打算怎么做"为题，写下自己的计划，然后与组员分享，并进行讨论。最后每组将全体组员的发言内容归纳为三条行动方针。

通常来说，新员工教育也好，新员工研修也好，其与高中和大学的课程类似，皆以"授课"的形式为主。即便穿插练习，也无外乎"如何递名片""如何打电话"之类的实操。当然，在 JAL 的新员工教

在JAL，新员工教育活动中的讲课灌输部分被尽量压缩精简，而把更多的时间留给他们思考、写下、发言、讨论。左上为教育主管小西孝典

育活动中，教育主管也会讲解 JAL 集团的企业理念和日航哲学等。但 JAL 还会努力引导他们独立思考、动手动脑、深度理解企业的基本理念和哲学。这可谓 JAL 独有。

在采取这种独特的教育方式后，JAL 内部给出了效果显著的高评价。小西孝典隶属商品·服务企划总部业务部业务组，和辻奈奈在同一个"班级"负责新员工教育工作。他感言道："新员工的成长速度让人惊叹。短短四天的时间，他们的思考力和洞察能力就有了质的飞跃，简直太奇妙了。"

让新员工开展团队合作的意义不止如此。JAL 集团旗下分公司众多，员工也隶属各个部门，要让所有人"统一方向，形成合力"，就必须在新员工教育阶段就培养他们的相关意识。

JAL 当年之所以会陷入破产危机，其各部门及分公司之间的割裂结构是原因之一。各子公司各自为政，拥有各自的企业文化，其结果导致整个集团缺乏统一的经营理念、哲学和目标。大家以自扫门前雪的方式运营，只顾自身利益，缺乏协作意识。

JAL 破产后，为了避免再次出现这种情况，新员工在接受教育培训时，不管其是被哪个分公司录用的，不管其将隶属哪个部门，都会被随机分到某个班级，每个班级大约 30 人。意识改革·培训推进部·研修小组的辻大阳负责新员工教育的企划工作，他十分看好 JAL 当下的新员工教育方式，"一旦让每名新员工都在心中树立协作意识，那么 10 年或 15 年后，他们成为所在岗位的中流砥柱时，仍会把其他部门和子公司视为 JAL 集团大家庭中的一分子，并在相互合作时形成默契"。

为期四天的教育培训结束后，新员工们便会前往各自隶属的部门，接受在职训练（OJT, On-the-Job Training）。从此以后，隶属不同部门或者分公司的新员工就不太能碰面了，有的人在集团总部的天王洲、羽田机场和成田机场工作，有的人则被分配到新千岁机场或福冈机场。即便如此，他们之间的纽带并未割断。对此，辻大阳说道："一般来说，新员工教育培训时的'同班同学'往往之后都会保持联系、定期聚会。通过这样的纽带，隶属不同分公司的 JAL 员工也能建立较好的合作关系。"要想让一个庞大的集团组织形成互为一体的团结文化，这种"随机拼班"的新员工教育方式不可或缺。

● 教育主管并非讲师

在新员工教育培训中，负责管理各个班级并引导新员工的教育主管可谓关键人物。负责 2016 年新员工教育培训的主管之中，2007 年至 2010 年入职的年轻员工占了大半。JAL 招募教育主管的方式十分透明：集团会在企业内网公开发布招募启事，有意者需要写一篇题为《身为教育主管，我想向新员工传达的东西》的作文，然后交由意识改革·培训推进部评选。一旦入选，就要以脱产的方式接受为时 3 天的事前研修，然后以"教育主管"的身份，完全投入为时 4 天的新员工教育活动。

小西便是这样毛遂自荐的一位。对于当初应征的动机，他说道："JAL 集团经常强调'珍视员工'，但我负责市场方面的工作，主要面向客户，不太有机会和集团内的同人接触。当时觉得，如果自己当过教育主管，就能切身领会'珍视员工'的企业氛围。"

之所以让阅历不深的年轻员工担任教育主管，其理由有二。一是因为年轻员工与新入职的员工年龄相仿，与管理层和董事会成员相比，更有类似"邻家哥哥姐姐"般的亲近感，从而更易被接受。二是通过让年轻员工担任教育主管，他们自身能够获得进步和成长。对此，辻大阳介绍道："所谓'事前研修'，即只传授最基础的要点，其他都交给教育主管自由发挥。"换言之，教育主管不但要引导新员工独立思考，自己也要琢磨授业之道。

小西则感言道："以前听当过教育主管的前辈说

起，在讲解难点时，要尽量引用身边的例子，新员工才会容易明白。所以我在解释部门独立核算制时，动了一番脑筋，还拿动画片《海螺小姐》中的矶野家来比喻。而这次的新员工教育活动偏向于精神领域，因此我又要重新下一番功夫。新员工们年龄各异，社会经验、人生背景也千差万别，在思考如何教育他们的同时，我也在他们身上学到了东西。"

第二节 JAL 的女员工职业研究室

◉ 努力思考让女性活跃在职场

为了让 JAL 的女员工能够活跃在职场，集团决定不仅单方面依靠人事部或教育·研修部的帮助，而且主张员工能够独立思考、自我实现。为此，JAL 女员工职业研究室的项目于 2015 年 9 月推出。这一项目横跨集团各部门，其研究员从集团内各子公司招募，总计数十人，并分为 3 个小组。研究员的课题是提高女员工在职场的活跃度。他们需要归纳各方建议，并将其汇报给以植木社长为代表的集团高层。

研究员大多数是女员工，但也有自告奋勇参与的男员工。每个小组有一名资格较老的员工做导师，为研究工作提供支持。研究员不但要完成自己平时的分内工作，还要抽空聚在一起讨论和调查。第二年（2016 年）7 月，终于将各方的建议归纳完成。

这些隶属不同子公司、不同岗位的研究员是以何种问题意识推进研究的？她们归纳的建议又有哪些？让我们顺着小组，逐个考察。

● 两个方案解决女员工不愿晋升的问题

作为三个小组之一的"NK系统组"着手改变女员工的意识。为此，其设定的研究课题为：怎样才能让女员工感受到工作价值，并使她们愿意长期工作，获得晋升。

该小组的研究员先抽选了集团内的800多名员工，并以其为对象，实施问卷调查。结果表明：能感到工作价值并希望长期工作与愿意晋升为管理人员之间的比例失调，女员工尤其如此。

关于"工作价值"，问卷调查中有两个方面的问题。一是，你是否想通过工作来提升自我，你是否想感受到工作的价值，你是否想在这里长期工作；二是，你是否觉得自己在工作中获得了提升，你是否感受到工作的价值，你是否觉得目前的工作环境能吸引你长期工作。对于这两方面的问题，五成以上的女员工都给予了积极肯定的回答。

与之相对，关于晋升意愿，不少女员工表现得较为消极。对于问卷中的两个相关问题，"你是否打算将来担任管理职务""你目前在以成为管理人员为目标而努力吗"，将近五成女员工给了否定的回答。在自由回答环节，不少人吐露道，"我希望不要调动岗位""要是被调动，就无法兼顾工作和家庭"；还有人坦言，"那些管理职位没有吸引我的地方""身边没有担任管理职务的女性榜样"……前者体现了她们对岗位调动的不安，后者说明了她们缺乏可参照的典型。

针对该情况，该研究小组提出了两大解决方案。一是积极实施换岗制，让 JAL 员工充分体验集团内的各类工作；二是积极抓典型，引导员工发现自己的上司和前辈身上的闪光点。

◉ 没有整体典型就收集部分典型

在研究如何实施换岗制时，研究员发现，员工越早积累多样的业务经验，越早学会制定目标、习得技能，越早培养管理才能、统筹能力，日后的职业发展方向就越为广阔。

现实情况也验证了这一结论的正确性。通过问卷调查发现，经历过三次以上岗位调动的女员工更愿意拥抱变化、提升自我。在自由回答环节，她们分享了自己的调动经历，"扩展了自己的业务范围""充实了自我，增长了知识""激发了获得晋升的意欲"……对此，研究员分析："通过换岗，员工能够提高自身的适应能力和抗压能力。而这些特质是职业发展中不可或缺的要素。"

　　另一项问卷调查则以集团内的管理人员及其下属为对象。调查结果显示，上司与下属之间存在认识上的差异。比如，针对"上司是否享受工作"的问题，59%的上司认为"自己在享受工作"，但只有41%的下属认为"上司似乎在享受工作"。关于"上司是否经常加班"及"上司是否整日繁忙"的问题，49%的上司认为"自己经常加班"，57%的上司认为"自己整日繁忙"；但有53%的下属认为"上司似乎经常加班"，69%的下属认为"上司似乎整日繁忙"。换言之，对于工作的繁忙程度，上司本人并不以为苦，但在下属眼中，却可能是非常辛苦的。

　　该调查还显示，上司的意志有时并未向下属传

达到位。对于下属的培养问题，80%的上司认为自己
在培养下属，但只有54%的下属认为自己在被上司
培养。对于布置工作的问题，95%的上司认为自己向
下属交代清楚了，但只有66%的下属认为上司交代
清楚了。下属之所以会抱怨公司缺乏可作为学习的
榜样型管理人员，上述认识差异（或者说"认识错
位"）就是原因之一。据此，研究小组指出，关键在
于促进上司与下属之间的交流。

下属们之所以抱怨缺乏榜样型管理人员，其背
后还有诸多因素。一是缺乏参照样本。比如有的女
员工坦言："我必须抚养孩子，照顾老人还要兼顾工
作。公司里似乎没有与我境遇类似的人。"二是望而
却步。比如有的员工说："现在的管理人员太优秀，
我没有变得如此优秀的自信。"还有人说："管理人员
非常辛苦，工作繁忙，似乎连私生活都没有了。我
不想变成那样。"

对此，研究小组提倡自我创造条件。换言之，
不要因为缺乏榜样而放弃，而应该发现别人身上的
各种优点，然后将这些"部分典型"收集起来，最
终拼合成属于自己的"整体典型"，并以此为自身努

力的目标。

部分典型并不局限于自己平日所接触的上司和前辈。为了增加员工们的参考榜样，研究小组举办了专题讨论会，并邀请了集团内的多名管理人员作为嘉宾。事后的反馈调查反映了讨论会的效果：超过九成的参加者认为很有参考价值，激发了自己规划职业发展的意愿。可见，在发现部分典型方面，这样的活动的确卓有成效。

◉ 发现女性职业发展的四大壁垒

第二个研究小组名为"破壁"，其研究课题为：JAL 集团内女员工在晋升为管理人员过程中所遭遇的壁垒。有时，即便其本人愿意晋升，也会受到外在因素的制约。该小组旨在分析这样的情况，并找出相应对策。

这一小组的第一步行动也是问卷调查。其以 JAL 总部及 JAL SALES、JAL Engineering 等集团内 9 家公司的员工为对象，获取了 2617 份有效反馈。对于问卷中较为直接的问题——你是否觉得女员工会在晋升为管理人员的过程中遭遇壁垒，在诸如客舱、机场、呼

发表会上的破壁小组研究员

叫中心等女员工较多的职场中，予以肯定回答的人较少；而在诸如营业、检修等男员工较多的职场中，却有超过半数的人表示有这种感觉。这一结果不禁让人怀疑，性别壁垒是否与男员工比例有关。

何为看不见的壁垒？为了弄清这个问题，研究小组求助了 JAL 集团内的数据分析专家——网络销售部"一对一"市场小组的涉谷直正。他平日的工作便是大数据分析。通过大数据，他努力改善网站的用户体验，增加了机票的销售额。专业杂志《日经信息战略》还给他颁过"年度最佳数据科学家奖"。可见，他不仅是 JAL 集团内的专家精英，在整个数字营销和统计领域也都算是业内名人。

针对这一课题，涉谷直正采取的对策是共变数结构分析。该方法被广泛用于心理学研究。具体来说，分析者需要以自己的假设为基础，建立树形结构的因果关系图，然后通过问卷调查来验证各个因果关系的强弱程度。小组的研究员先通过头脑风暴，罗列出造成壁垒的原因，然后通过总结归纳，将其分为意识、评价制度和以男性为主导的企业文化等类别，从而建起树形结构。该结构的顶部是一个假设性结论，也就是在目前的职场中，你觉得女员工在晋升为管理人员时会遭遇壁垒。

为了验证这一假设是否与现实相符，研究员开展问卷调查并收集数据。当然，倘若在调查时直接问受访者"对于员工的晋升机会，你是否觉得男女之间有别"的话，回答"是"的人当然寥寥无几。这就丧失了调查的意义。因此，涉谷提议："要努力采用能够引出受访者潜意识的设问。"比如，提出数个相对委婉的问题，如"你知道家里的存折放在哪里吗"之类，然后将对方的回答进行排列组合，就能判明其是否认为女员工在晋升为管理人员时存在壁垒。

通过对调查所得的回答进行分析，就能计算出树形结构中每个枝干的强弱程度，可以用正负系数来体现。这样，还能计算出树形结构全体指标的可信度的高低。这样就可以确定假定的整体与各个因素的因果关系是否成立。

计算结果表明，对于"工作时间缩短是否影响自身评价""考核制度是否对男员工有利""上司是否不积极与下属交流""不太了解同事私底下的情况""对于休完产假后回归岗位的女员工，同事们是否不予理解""对于休完产假后回归岗位的女员工，公司是否缺乏制度上的支持"等因素，大多数受访的女员工承认类似情况的确存在。与之相对，对于诸如"对于重要的工作，是否觉得交给男员工更放心""如果上司是女性，是否会有抵触情绪"等问题，大部分受访的男员工给予了肯定的回答。

把这一结果与头脑风暴所得的假设相结合，研究小组归纳出了与壁垒直接关联的核心要素。对女员工而言，它们是"对考核结果缺乏认同""职场内的沟通交流不充分""休产假的环境阻碍"；对男员工而言，则是"以男性为主导的职场文化"。

◉ 每天10分钟晨话实现有效破壁

既然已经分析出了阻碍女员工晋升为管理人员的壁垒，下一步自然应该思考打破该现状的对策。针对上述四大要素中的前三项，近几年来，JAL的人事部及其他相关部门都在不断努力，出台了一系列举措，包括支援女员工兼顾工作和家庭的对策，针对考核负责人的研修和培训，改革工作方式等。研究小组针对职场内缺乏交流的现状，提出了举办晨话活动。

所谓晨话，就是在每天上班时间开始后，同一部门的员工先聚在一起，每人轮流发言。发言内容既有诸如今天要外出，今天要结算费用之类的工作内容，也有傍晚下班后要去参加瑜伽班之类的生活琐事，员工还会对同事表达"今天你看起来好像没精神哪"之类的关怀。晨话的时间规定为10分钟，既不能缩短，也不能延长。

提供数据分析支持的涉谷直正（左）与破壁小组的导师滨井百合子（右）

晨话活动以各部门规定的形式举办，带有一定的强制性。也正因为如此，在实施初期，不少员工态度消极。先导入这一活动的是 JAL 集团的四家分公司和四大部门，但在实施前的问卷调查活动中，有些员工表示"这是浪费时间""大家各有各的工作安排，很难聚在一起""强制性的交流活动缺乏意义"……但在晨话实施之后，员工们纷纷对其带来的效果表示肯定，"每天都能面带笑容地投入工作""了解了其他同事手头的工作情况"……

从数据来看，在举办这一活动的部门员工中，对晨话持积极态度的比率从导入前的 70% 增加到导入后的 90%。他们感受最多的益处包括"明确了业务内容""了解了同事的问题和烦恼""建立了同事间的信赖关系"等。在试验阶段结束后，那些作为试点而最先举办活动的分公司和部门一如既往地坚持着。

当然，仅凭促进部门内员工之间的交流，并不能增加女员工晋升为管理人员的机会。为此，研究小组认为，关键在于最终以自己的力量打破壁垒。晨话作为一种催化剂，使得员工之间的交流变得自然而通畅。研究员倡导女员工们在此基础上与上司和同事交流职业规划吐露心中所想，从而打破壁垒获得晋升机会。

◉ **管理人员直面赡养父母问题**

第三个研究小组名为"维系"，其提出的课题是：如何兼顾工作与赡养。日本已然成为老龄化社会，人口也在持续负增长。在不久的将来，包括 JAL 在内的所有日企都不得不直面这一问题。但之前其一直被忽视，集团内既没有相关讨论，也缺乏具体对策。

鉴于此，研究小组决定将其作为课题。到了2022 年左右，生于人口增长高峰期的那一代日本人的平均年龄将会高达 75 岁。换言之，他们会成为"后期老年人医疗制度"（"后期老年人"指的是年满75 岁的老人。反之，65 ~ 74 岁的老人则被称为"前期老年人"）的适用对象。而当他们需要赡养和照顾时，其负责人自然是他们的子女，也就是那些作为公司中流砥柱的"70 后"。

JAL 创立多年，老员工都经历过结婚、生子、育儿等，对于如何兼顾工作和生活，也算是经验丰富了。但对赡养和照顾老人的问题，集团上下的认识还不够充分。为此，研究小组开展了一系列调查活动，包括针对 JAL 集团员工的问卷调查（收到 3172份有效回答），向拥有相关经验的员工征求意见，向社会上的其他企业征求意见等，以此掌握情况，研讨对策。

调查问卷中的问题之一是：今后 5 年内，你是否需要照顾父母？研究员对于该问题的回答结果感到震惊：有 75.3% 的员工表示有可能。不仅如此，其中只有 22.3% 的员工表示能够在照顾父母的同时兼顾工作。而通过分析年龄层（以五年为单位），研究员发现，在"24 岁以下"到"40 岁至 44 岁"的员工中，拥有相关照顾和赡养经验的不足 10%；而在"45 岁至 49 岁"的员工中，拥有相关经验的人增至 25%；到了"50 岁至 54 岁"的年龄区间，有经验者的比例也达到高峰。由此可见，在 JAL 集团内，担任组长或部长等领导职务的员工会率先受到老龄化社会的影响，说不定在某一天就突然得担负起照顾父母的责任。

"当需要兼顾工作和赡养时，什么是你的最大支持？"对于这一问题，那些已经在照顾年迈父母的员工中，只有 15% 选择了"给予事假"。一方面可能因为员工对相关休假制度并不了解，另一方面也反映了单纯的制度支持并非关键。问卷调查的结果显示，选择"家人的理解""民间组织的援助"的人占了四成到五成；选择"同事、上司的理解"的人也有将近三成。由此可见，比起制度辅助，他们更看重有血有肉的帮扶。

而当员工面对"在照顾父母的问题上碰到困难

时，会找谁商量呢？"这一问题时，居然有超过八成的人回答"不知道"。可见，对于这种较为敏感的家庭问题，大多数人在别人面前都很难启齿，包括上司和同事。

一边要处理工作，一边要照顾父母，如果这种两头忙的状态一直持续，就会导致员工身心疲劳。当研究员询问拥有相关经历的员工，这种疲劳的累积是否造成了自身精神和肉体上的不适时，超过七成的受访者给出了肯定的回答。

在企业内拥有较大权限、背负重要责任的"中流砥柱"，其年龄往往都超过 45 岁。某一天，他们不得不照顾年迈的父母，虽然心里想获得周围人的支持，但又不敢找上司或同事诉苦，于是独自承受一切，最终身体被拖垮……为了不让这样的悲剧发生，研究小组决定为"2022 年"这个老龄化高峰期做准备，从三个阶段入手，实施可行性计划，从而帮助集团员工兼顾工作和赡养老人。

第一阶段的举措包括：在人事调查表中增加名为"赡养状况"的栏目；以"赡养零经验者"及管理人员为对象，开展研讨及培训活动；构建"赡养经验者"之间的"朋友圈"等。不仅如此，研究小组还设计和制作了"赡养协助员"徽章，希望相关员工能在公司内佩戴它，从而让"赡养老人""照顾父母"的话题逐渐被接受。

第二阶段的举措包括：完善"赡养休假制度""赡养早退制度""赡养在家办公制度"。

第三阶段的举措包括：从"制度层面"和"非制度层面"入手，让整个 JAL 集团重视员工赡养老人的任务，并将相应措施和对策系统化、常态化。

说起"赡养和照顾老人"，似乎总是带有诸如"负担""疲惫"之类的负面色彩，但研究小组指出，相关经验有助于提升 JAL 集团的服务质量。乘客中包含老人、残障人士及拖儿带女的家庭，他们都需要帮助。通过照顾年迈的家人，JAL 员工不但获得了相关经验，还学会了如何关心和体恤他人，而这些都能在待客服务中发挥作用。研究小组还展望道，"2020 年，奥运会将在东京举办，访日的外宾也会增加。届时，如果 JAL 的员工能灵活运用赡养的知识和经验，便能为乘客提供 JAL 独有的服务"。

◉ 植木社长肯定多元化措施

"多元化是最近才开始流行的概念，我第一次听到这个词时，立刻勾起了曾经的回忆"。在这段"开场白"后，植木义晴社长便开始讲述自己从副机师晋升为机长时发生的故事。

当时 JAL 规定，副机师要想晋升为机长，必须通过 4 名教官的审核。副机师和哪个机长共事，一般取决于具体航班。但在接受审核训练时，副机师必须和同一名拥有教官资格的机长一起飞 1 个月。其间，副机师执勤时的状态也好，举动也好，都要经受考察。

通过先后与 4 名不同的教官组队共事，副机师必须获得他们的"审核认证签名"，之后方能接受最终的"机长晋升审查"。由于存在名为"最低训练量"的飞行时间指标，就算在最顺利的情况下，副机师也要经历 5 个月左右的考核期。如果途中被教官指出问题，那么审核训练就会延长至六七个月。倘若副机师在 1 年后仍未获得 4 名教官的一致肯定，那么其在 3 年后才能再次接受"机长晋升审查"。换言之，审核训练的结果在很大程度上会左右副机师的职业生涯。自不必说，那些接受审核训练的副机师势必都承受着巨大的精神压力。

而教官自然也是性格各异。当时，年轻的植木副机师已经获得了两名教官的签名认证，可第三名教官却是出了名的严苛。栽在他手里的副机师，几乎没有审核通过的，因此大家都很怕他。他就像以前每个学校里都会有的"魔鬼教官"，让学生闻风丧胆。

植木社长直言，当时得知自己将接受那名"魔鬼教官"的训练时，实在是一万个不情愿，甚至嗟叹命运的捉弄，但他很快调整了心态，开导自己"抵触情绪并无意义"。

心态变得积极后，与"魔鬼教官"共同飞行的体验也变得不同了。当然，想法上的冲突依然存在，有时明明心里不服，也只能不情愿地接受指导。"身为机长，又是教官，毕竟'姜还是老的辣'。"抱着如此谦虚的心态，植木副机师逐渐有了醍醐灌顶的感觉。对此，如今身为社长的他感言道："之前不曾注意的细节，对机体情况的预判……我渐渐发现，

正在分享自身经历的植木社长（中间靠里）

那名教官身上有太多值得借鉴和学习的地方。"

1 个月后，他顺利获得了"魔鬼教官"的签名认证，然后通过了晋升审查，成为一名机长。只要和拥有不同价值观的人真诚相处，并接受他们的个性，就能得到巨大的收获。植木社长亲身学到的这个道理，可谓其理解多元化的原点。

那么问题来了，植木社长设立 JAL "女员工职业研究室"的理由是什么，目的又是什么？2016 年 4 月，面对该研究室的研究员们，他做了如下讲话。

我这个人不喜欢读书思考。在我看来，亲身实践后获得的经验才是最可贵的。有些人说我这个人讲话简单明了，能够说到他们的心里去。这是因为，我讲的东西全都基于自己的亲身经历。对于多元化亦是如此，我先从自己过去的经历出发，打心底理解和接受它，然后才能够认真执着地在集团内推广它。

你们这三个研究小组都在推进自己的课题项目，但至于自己的课题是否百分百合理，恐怕各位心中都没把握。这并没关系，关键要有敢于尝试的精神。在收集完数据后，即便只能得出模糊的推断也没关系。即便结果与当初所描绘的蓝图相左，各位也没有什么损失。没有失败过的人，即便身居高位，也无法具备决断的魄力。反之，越是饱尝失败的苦果，便越能够获得成长，且越具备做出重大决断的勇气。我一直对集团干部强调，要让年轻人放手去干，让年轻人担负责任，不要害怕他们失败。

重视实践，不惧失败，让年轻员工获得积累经验的机会……植木社长不但支持女员工活跃在职场，还推出了一系列相关的多元化举措；更难能可贵的是，他让年轻的女员工全权负责研究工作，使女员工职业研究室成为培养人才的平台。这与新员工教育中的教育主管类似，都是一种给予年轻人机会，促进年轻人成长的具体措施，其完全体现了 JAL 独有的育人方针。

◉ 身为社长不快乐怎么行

植木社长无数的讲话中，有许多心系女员工职业发展的睿智话语。比如，2016 年 7 月 7 日，在位于东京天王洲 JAL 总部召开的"女员工职业研究室最终报告会"上，听完 3 个研究小组的课题汇报后，他明确指出："（女员工中）之所以很少有愿意担任管理职务的，其原因之一或许是男性管理人员和干部看起来并不神采奕奕。如果很少有人说担任管理职务和成为干部是件快乐的事情，大家当然不会对其心生向往。"

在 JAL 集团，机长属于管理人员。曾多年担任机长职务的植木社长直言："只要当 3 天机长，你就再也回不去了，因为收获的快乐超过所担负的责任。"后来，他先后担任子公司副社长、航运总部和航线统括总部的部长，最后在集团谋求复兴之际（2012年2月）就任社长。在上任初期，他的状态远远谈不上轻松。当时正值集团浴火重生后的摸索期，身为社长，可谓烦恼重重。

对此，植木社长一直耿耿于怀："身为社长，倘若一味觉得工作辛苦，缺乏快乐，那如何做出表率，又如何鼓励员工爱上自己的工作呢？这样下去可没人愿意当社长了。"为此，他坦言道："所以我一直在

与JAL女员工职业研究室研究员合影的植木社长（前排从右往左第四位）

和自己较劲，发誓总有一天要当个快乐的社长。"

上任第三年，他终于实现了成为快乐社长的目标。他并未透露具体的心路历程，只是说道："一件事情让我茅塞顿开。从此，我感受到了当社长的快乐。"当然，日常工作中依然存在困难和苦恼，但他已经感受到了社长一职的意义。

植木社长经常以富有个性的言语激励员工。他介绍道："我经常对董事会干部说，'随时欢迎各位对社长之位发起挑战'。社长作为企业的领导，可谓管理职务中的顶层。这就像登山，身居巅峰的快乐，唯有登顶者方能体会。我还对他们说，'如果谁能让员工变得更幸福，我立刻退位让贤'。"

不单是女性，而是要让全体员工都能够发挥特长，活跃在职场，并且朝着更高的目标奋进。为此，仅凭推行制度和改革意识自然不够，还必须转变职场的氛围和文化。像植木社长这样公开表露自己对工作乐在其中的积极情绪，便能促成下属勇于挑战的职场氛围。这样的文化一旦推广至各个部门和岗位，员工的积极性便会获得飞跃性的提升。前面提到的 JAL 女员工职业研究室在完成了第一期研究活动后，又开始了第二期和第三期的活动，一直没有间断。之所以如此坚持，亦是为了从制度、意识、文化三方面进行改革，并将具体措施落实到 JAL 集团的各个角落。

第三章

"经常加班到深夜"
通过两大挑战改变部门常态

如今，对许多企业而言，改革工作方式日益成为亟待解决的经营课题，其包括减少无谓劳动、提高工作效率、杜绝长期加班，以及保障员工的身心健康。

对此，JAL集团早已有所行动。其采购总部的改革实例便是具体典型，通过更新办公环境和工作方式，员工们终于跳出了连续加班的怪圈。

◉ 每天的加班时间减少1小时48分钟

"那个部门深夜都有人在""真不想去和那个部门的人打交道"……在JAL集团内，有这么一个"不受欢迎"的部门。这个部门便是采购总部，负责采购各种业务必需品，包括航空汽油及机场内的各种机器设备，不但经手的款项数额巨大，且与各大海外供应商业务频繁。这些因素的确从客观上导致了加班。另外，这一部门过于紧张的工作氛围也使得其他部门的员工对其敬而远之。

转变发生在 2015 年 2 月，该部门导入了名为
"自由工位（Free Address）"的全新办公理念，并对
工作方式做出了相应的重大改革。对此，采购总部
第一部·客舱及休息室采购小组的矢部哲郎介绍道：
"（改革）以前，到了晚上 10 点、11 点，办公室里依
然一堆人；如今，只要过了晚上 8 点，办公室就基本
没什么人了。"平均算下来，每个人每天的加班时间
减少了 1 小时 48 分钟。

　　新的办公环境究竟有多神奇，居然能成为采购
总部脱离加班怪圈的契机？

　　之前，员工的座位都是固定不变的，但新的办
公环境采用了名为"自由工位（Free Address）"的
布局配置。采购总部虽有近 110 名员工，但一部分员
工需要前往羽田或成田等机场对接业务，因此座位
精简为 92 个。此外，部门还撤换了之前那种带有抽
屉的办公桌，使每个人的桌子宽度从 140 厘米缩减为
120 厘米。省出来的空间开辟为 20 人会议室和若干
讨论区。

　　用于共同作业的长桌也改为四人座位。对此，
矢部解释道："日本人往往喜欢坐在角落里，如果共

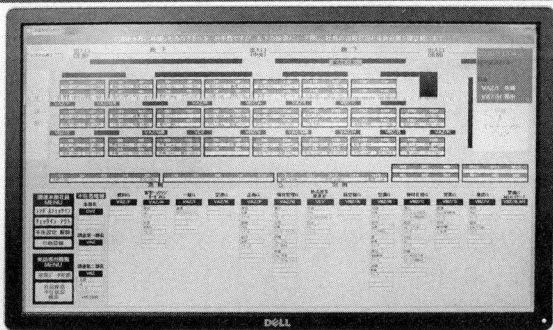

座位表

每周四、周五随机分配座位
→大家便于把握其他岗位员工的工作情况和进度

用于共同作业的长桌

纵横交互的四人座位
→座位配置充分利用了桌子四边的空间，并且促进了同事之间的
对话交流

新的办公环境处处包含改革工作方式的良苦用心

同作业的长桌拥有 6 个以上的座位，那么各自坐在角落里的同事就会隔得很远。而四人座位则不同，由于 4 个座位本身就在桌子的四个角落，因此不会产生突兀的距离感。"可见，这样不仅充分利用了空间，也促进了同事之间的对话交流。而当员工希望不受干扰地埋头工作时，还可使用靠窗的"专注作业区"。

当然，仅凭焕然一新的办公室，并不能减少加班时间，配套的对策才是至关重要的。在各种对策中，加班员工的"可视化"最为有效。

可视化对策的目的，是不让员工长时间地耗在办公室里。在导入该对策后，员工加班需要事先申请，一旦到了加班时间段，员工必须移步至"讨论区"工作。这样一来，加班员工就聚在了一起。大家不但能够互相知晓当日加班者的人员构成，而且还能起到一种相互督促的作用——抓紧时间，快点下班。

配套的对策还减少了纸张的用量。据采购总部第一部·燃料采购小组的高津朋子介绍，采购总部把所有桌面电脑换成笔记本电脑后，便导入了"无纸办公"，规定"不准打印会议及审批的相关文件"；

文具·展示品放置区

共用大型文具，并指定放置区域
→大幅降低文具费用支出和遗失概率

专注作业区

此区域内禁止讨论和打电话
→使员工能够不受干扰地专注于工作

个人储备柜

储物柜4个月一换
→杜绝废品的无谓堆积

讨论区

可移动的"白板兼屏风"
→营造出可容纳数十人的演讲·演示空间

除了主要的作业区外，针对具体的用途和目的，开辟相应的空间，选择相应的办公家具，制定相应的对策。

为了杜绝废纸和废品的堆积，总部还规定"员工的储物柜4个月一换"。通过这一系列对策，纸张用量缩减为先前的四分之一。此外，为了照顾育儿的员工和强化发生大规模灾害时的BCP（业务连续性计划）能力，总部规定，员工每月必须有一天在家办公。

　　至于采购总部成功改革的原点，还要从 2014 年 4 月说起。当时，植木义晴社长在集团内征集办公室改革的试点，而以加班"闻名"的采购总部立刻毛遂自荐，并最终被选中。

　　于是，相关负责人参加各种展会，访问其他公司，学习案例，吸取经验，研讨方针。同年 10 月，采购总部旗下各分部和岗位选出代表，正式开始推进办公室改革项目。制定关键条款，选择材料和服务供应商，确定办公室布局，讨论实施对策等，都由一线员工全权负责。经过短短 4 个月，到了 2015 年 2 月上旬，崭新的办公环境打造完成，其成果可谓巨大。

◉ 面向全体全力推进

　　但倘若上述改革只停留在一个试点部门，那就没有意义了。到了 2015 年秋天，植木社长开始把采购总部的成功经验推广至整个集团，力图实现由点到面的全方位改革。

　　"请先从 6 个话题中选择 1 个自己最感兴趣的参

	对策	成果
座位数	部门员工总数将近110人，工位却精简为92个，从而大幅增加讨论区面积。	解决了会议室不够的问题。在实施对策的前7个月内，只碰到两次作业区域满员的情况，且讨论区亦可充当作业区，因此没有问题。
电话	为部门全体员工备业务用智能手机。在经过两个月的"号码变更通知过渡期"后，取消了原先的办公室固话。	客户能够"点对点"地联系到相关负责人。既不用费时转接，也不用占线等待，办公室也不再出现电话铃声此起彼伏的嘈杂情况，从而保证员工们的作业不会被干扰和打断。
文件	禁止以纸质形式下发和领取公司内的会议资料等文件。	在部门内推广"邮件共享""投影仪演示"等无纸化办公手段，使每名员工每月的用纸量从600张减至150张，整整省了四分之三。
加班区	除了出台"加班需事先申请"的对策外，还规定所有加班人员都必须集中在"讨论区"工作。	不但使得加班员工"可视化"，也营造出了"快点完工，快点下班"的健康氛围。到了晚上8点，办公室里几乎没人了。
在家办公	采购总部的全体员工每月都必须有一天在家办公。	不仅让肩负育儿·赡养任务的员工习惯在家办公，也让其他员工接受这种工作方式。这也是实现BCP（业务连续性计划）的准备性举措之一。

JAL采购总部的工作改革对策及相应成果

提升型工作坊　　　　　　　　　　　　JAPAN AIRLINES
会场介绍图 欢迎各位同人参加
请入席最感兴趣的第一个展位

论坛

①无纸办公初　　　②充实个人生活
　体验

③了解制度（在　　④运营会议（组
　家办公等）　　　　织力与促进力）

⑤如何在工位之　　⑥业务可视化与
　外灵活运用笔　　　推进业务改良
　记本电脑　　　　　的方法
　　　　　　　　　　　　　　　入口

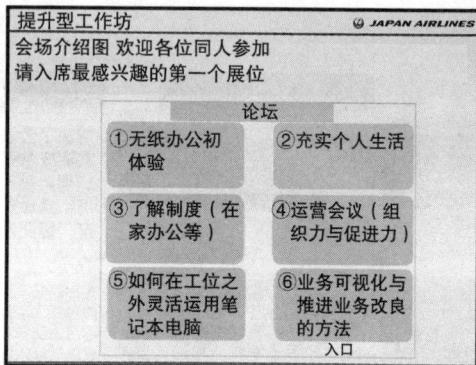

从6个话题中自由选择3个
→勾起参加者的兴趣

来自航运、检修等部门的一线员工充
当讲师，分享实际经验
→拥有说服力，激发参加者在自己部
门亲身尝试的兴趣

每过15分钟，参加者便"转战"下一个话题
→避免厌烦和疲劳，保持兴趣和精力

与形式主义划清界限，真正让参加者获得提升的工作坊

加讨论，在活动结束之前，要参加完 3 个讨论。"
2015 年 11 月上旬，一场名为提升型工作坊的活动在
JAL 总部礼堂举办。到场的参加者要在无纸办公、充
实个人生活、在家办公等 6 个话题中选择 3 个，并聆
听相应的演讲。

参与策划该工作坊的三浦健隶属 "人财总部"
人事部，是工作方式改革推进室的负责人。对于为
何要提供话题选择，他解释道："通过让参加者自主
选择话题，能够激发其听讲时的积极性。"

与本书中所介绍的 "日航哲学教育" 类似，"提
升型工作坊" 的讲师也都是一线员工。尤其是来自
采购总部等成功试点的讲师，由于分享的内容皆源
于亲身体验，因此很容易被听众接受。参加完工作
坊后，不少参加者有了信心，觉得自己的部门也
能行。

对此，隶属 "人财总部" 人事部·集团人事企
划小组的久芳珠子指出："要想让工作改革等公司内
的重大决策落到实处，先要找到较为欢迎改变的部
门，并使其成为'试点'。试点成功后，关键就在于
如何在广大员工中推广。至于推广的要诀，归纳起

来就是'面向全体，全力推进'。"在该过程中，人事部自然责无旁贷，而来自试点员工的体验、IT部门的协力、经营高层的发言、其他公司的建议等，都是激励全体员工接受改革、落实改革的要素。倘若不这么做，好不容易初现端倪的改革成果便会胎死腹中。

◉ 公司最大的资产是员工

对于改革工作方式，植木社长的思想很明确。他不断公开强调："新飞机和新座椅再好，也总有一天会因老旧而被淘汰。要想让乘客对JAL不离不弃，其关键在于提高JAL员工的服务水平。所以说，JAL最大的资产是广大员工。"要想在员工的个人能力方面实现与竞争对手的差异化，就必须营造对员工友好的工作环境。对于来自基层的植木社长而言，这种以员工为本的理念，已然深入其骨髓。

对于改革的紧迫性，在"人财总部"负责人事教育并兼任人事部长的执行干部植田英嗣感言道："JAL之所以能够浴火重生，广大员工的艰苦奋斗功不可没。但我们通过调查问卷得知，他们的负担也

（上图）主导采购总部办公室改革的一线负责人（从左至右）高津朋子
和矢部哲郎
（下图）为了推广改革而不断努力的改革推进室负责人（从左至右）三
浦健、执行干部植田英嗣和久芳珠子

非常之大。到了目前这个阶段，集团必须改革工作方式，实现员工的可持续发展。"

自不必说，人事部自身也全力投入这项改革事业。这个部门不但策划了上面介绍的工作坊活动，还在制度层面予以推动，包括导入若干旨在减少加班时间的新制度。

勤务业绩报告会便是出台的新制度之一。员工需要将自己的加班时间、休假率和实际工作时间（基于工作用电脑的登录时间计算）在公司内分享，从而使各部门在推进改革时拥有切实的参考数据。与部门独立核算制中的业绩报告会类似，这个分享会也是每月一开。

另一新制度是营造让员工早点下班的氛围。从2015 年 10 月起，集团规定总公司的非直属部门必须遵守如下时间安排：开会不得超过 5 点半，公司内的电话和邮件往来不得超过 6 点半，员工下班时间不得超过 8 点。到 2016 年年底，集团计划将总公司非直属部门的平均加班时间缩减至 2015 年同期的一半。

第四章

熊本地震
一线员工直面困难实现团队协作

　　JAL 的员工平时就十分重视团队协作。他们痛定思痛，反省集团陷入破产危机前的那种等级森严且死板生硬的组织结构，并遵循日航哲学中名为"最佳交接"的条目，从而在日常工作中实现跨部门的合作。

　　这种团队协作在紧急状况下尤其凸显威力。2011年 3 月，正值 JAL 摆脱破产危机后不久，发生了东日本大地震。面对自然灾害，JAL 的员工们并不是"自扫门前雪"，而是自觉地以自己能为乘客做点什么为判断基准，团结协作、积极抗灾。在 2016 年 4 月发生的熊本地震中，JAL 的员工也有十分出色的表现。让我们以此为例，了解一下他们是如何将团队协作落到实处的。

◉ 用 LINE 确认安危

　　宫本裕美就职于 JAL SKY 九州公司，在熊本机场担任总务并负责乘客业务。地震发生当日，她正在位于机场一角的办公室加班。为了去卫生间，她走出办公室。可当她正要经过值机柜台时，眼前的东西都开始剧烈摇晃。

"地震了！"于是她慌忙地四处张望，发现航站楼的各处都在发出"吱嘎吱嘎"的挤压声，值机柜台上方的告示牌也掉了下来。虽然熊本县并非地震多发区，但是宫本裕美瞬间就察觉到，这次地震非同小可。她回忆道："我当时跑到一处不会有荧光灯砸下来的地方，并且即刻蹲下。"

后来得知，这次地震发生在2016年4月14日晚上9点26分，震源位于熊本县地区，平均震级为6.5，而熊本机场所在地益城町的震级则高达7级，震感十分强烈。

在JAL的东京天王洲总部，第一时间收到地震消息的是河本健，他负责JAL日本国内航线的中长期规划工作，隶属航线统括总部·航线规划分部的国内航线规划小组。当时，他正在天王洲加班，突然收到了熊本地震的报告。于是他即刻行动，为的是在第一时间掌握现场情况。他关切地问道："熊本机场情况如何？停留在那里的飞机是否安全？"

与此同时，熊本机场的震感减弱后，宫本裕美便开始逐步确认航站楼的受损情况。在地震刚发生后，机场发布了"航站楼恐有煤气泄漏"的紧急消息，于是所有人不得不疏散至跑道附近，但警报没过多久后便解除了。至于受损情况，高里程贵宾休息室内餐具四处散落，很难提供服务；登机口的洒水器损坏，喷溅的水弄湿了周围的机器……但幸运的是，并未发生导致飞机无法起降的严重故障，当晚停留在熊本机场的飞机也安然无恙。

确认完上述情况后，宫本裕美又开始确认40多名同事的安危。她回忆道："地震发生后，手机无法拨通电话，于是我急忙用 LINE（类似于中国的微信）建了一个群，让大家彼此确认安危。在当天深夜零点前，包括在休产假和育儿假的同事在内，所有人都报了平安。"

◎ 新干线脱轨 "跨部门协作"为临时航班保驾护航

在陆续收到来自熊本机场的情况汇报后，位于天王洲总部的河本逐渐消除了忧虑，他心想："这样看来，这次地震对航运并无重大影响。"可就在此时，电视直播的直升机航拍画面让他大为震惊——由于地震的剧烈摇晃，驶近熊本火车站的九州新干线脱轨。

"居然震得连新干线都脱轨！"河本无法掩饰自己的惊愕，但他立刻做出了反应：商讨增开临时航班的可能性，从而解决新干线停运的问题。对此，河本解释道："铁路就像一条线，连接着各个点，线的任何一处都不能发生问题；飞机则是单纯的点对点，只要出发地和目的地的机场正常运作，就能维持航运，这是飞机的优势所在。于是我就想，如果能在保障正常航班的前提下增开临时航班，就能把火车脱轨而造成的'交通断线'用'点对点'的飞机补起来。"

福冈和鹿儿岛分别是九州岛南北的主要城市。每天往来于两地的乘客中，有大约 5500 人乘坐九州新干线，而只有不到 70 人搭乘 JAL 集团的航班。但它曾是 JAL 的"摇钱树"航线，因为九州新干线在 2011 年全面投入运营，最快只要 1 小时 20 分钟就能到达目的地，至此，搭乘 JAL 航班的乘客急剧减少，市场份额完全被新干线夺去。于是，JAL 开始缩减这一航线的载客量，改用小型的螺旋桨支线客机，每天只安排两班往返航班，总共 150 张票。可既然新干线由于地震而停运，那么势必会有大量乘客涌入机场，而既有的载客量势必无法满足需求。

"为了应对熊本地震，我想从明早起增开临时航班。"河本这通电话打给了同属航线规划分部的堀冈昌代。堀冈任职于时刻班次运营小组，负责 JAL 国内航线的飞机调配。接到电话时，她正在下班回家的路上，于是她立刻折回天王洲总部，与河本会合。两人接着不断通过电话联系 JAL 集团各部门。增开航班可谓是牵一发而动全身的工作，包括调拨飞机、向作业人员（飞行员、乘务员、机场工作人员、检修技师等）发放补贴、补足机场所需的相关设备及航空油等。只要其中任何一环出差错，临时航班便无法起飞。关键就在于各部门能否通力合作。

随着一通通电话拨出，各部门负责人的应对态度让堀冈惊讶。她回忆道："我半夜打电话过去，询问一早的临时航班能否增开，各部门负责人全都迅速答复'没问题'。其回复的速度之快，都让我怀疑他们是否真的确认过了。"最终，次日（15 号）往返于福冈和鹿儿岛的临时航班增开了 5 班。虽然连接九州南北的铁路交通大动脉被地震切断，但仅仅不到半天，JAL 子公司 JAC（负责运营 JAL 集团的螺旋桨支线客机）等便向广大乘客发售了大约 700 张珍贵的机票。到了 16 号以后，又增加了福冈至宫崎、伊丹至鹿儿岛等往返航班。每天的临时航班最多达 10 班。

当然，即便临时航班开得再多，倘若需要的乘客不知道，也是没有意义的。为此，销售部门不但在 JAL 官网上发布了相关信息，还借助了九州广播电台等媒体的力量。像这样，分属各部门、各岗位

航线规划分部的河本健（左）与堀冈昌代（右）

的 JAL 员工在有限的时间内群策群力，终于成功地为广大乘客提供了代替新干线的交通方式。从 4 月 15 日至 5 月 15 日的 1 个月内，JAL 总计开出了 322 班临时航班，为大约 2200 名乘客提供了服务。

对于能够如此迅速应对的原因，河本认为主要归功于日航哲学。他感言道："换作（JAL）破产之前，就算上面下达相关指示，下面各部门肯定会说'时间太紧，明早无法增开临时航班''没法调拨飞行员和乘务员'……如今则不同，各部门之间交流频繁，已经形成了通力协作的态势。大家遵循'矢量一致''从旅客的视角观察'等哲学条目，从而拥有了一致的观点和目标：在新干线停运的情况下，为广大乘客排忧解难。"

此外，在 2011 年东日本大地震中获得的经验，也给应对熊本地震提供了借鉴。当年，在东日本大地震发生后，JAL 立刻在青森、山形、秋田机场增开临时航班；1 周后，又在花卷等东北地区的机场增开多次航班。堀冈当时在羽田机场工作，为了支援受灾地区，她被暂时调到山形机场，因此深入一线地了解和学习了如何应对紧急情况。由于地面交通停滞，希望搭乘飞机的人大量涌入机场。山形机场一般并不怎么繁忙，可当时等待余票的乘客居然多达600位。对此，堀冈说道："为了不让那些在紧急时刻信赖我们、依靠我们的乘客失望，我深刻感受到了机动力的重要性。"

大型客机需要特殊车辆的牵引，像山形机场这种平时没有大型客机停靠的机场，就必须依赖其他机场调拨牵引车辆。此时，各部门的协作就发挥出了关键作用。JAL重建后，"从旅客的视角观察"的意识渗透到了整个集团，再加上在应对地震中获得的经验，让一线员工树立了自信，从而使JAL集团在熊本地震中能够迅速地增开临时航班。

◉ 主震破坏航站楼导致航班停飞

隶属JAL SKY九州公司的山内美穗负责熊本机场的乘客业务，她回忆道："在15日之前，我觉得震得并不厉害。"14日晚上地震刚发生时，她正在开车下班回家的途中。她的家位于距离机场40公里左右的阿苏市。"（当时）方向盘有点不听使唤，我就知道地震了。但由于影响不大，我就直接开回家了。到家后，发现屋子里也没有东西掉落或毁坏，于是我推断，阿苏市当地应该没问题。"

宫本联系上她后，她打开电视，这才知道益城町的受灾情况。于是她心想，"明天肯定要花时间清理和打扫，干脆早点去上班吧"。其实宫本和同事们在前一天清理到很晚，因此等到第二天（15日）山内到岗时，值机柜台、登机口和办公室等已经被整理得井然有序，完全看不出遭遇过地震。贵宾休息室虽然暂停开放，但散落的餐具等已经被收拾整齐。

与往常不同之处，主要在于飞机的调度。平时，从羽田机场飞来的末班航班会在熊本机场停靠至次日，然后一早作为始发航班飞回羽田机场。而在当时那种特殊情况下，为了避免余震损坏机体，末班航班不再在熊本机场过夜，而是连夜飞回羽田机场，第二天早上再从羽田机场出发，把乘客送往熊本机场。除此之外，羽田和福冈机场的 JAL 部门也派出一部分工作人员支援熊本机场，以承担起由于地震而无法上班的同事的职责。

15 日，熊本机场的 JAL 航班运营情况与平时几乎无异。虽然偶有延误，但没有任何航班被取消。但熊本地震的危害并未就此消止，16日凌晨1点25分，7.3级的强震再次袭击熊本地区。它在后来被定义为那次熊本地震中真正的主震。

当时，JAL SKY 九州公司熊本机场分部的总负责人奥田和昭在自己家里感受到了强烈晃动。他回忆道："（当时的）震感比14日晚上的强烈多了。"为了确认同事们的安危，他拨打手机，却没有信号。机场的情况牵动着他的心，于是他将妻子送往隔壁邻居家拜托照顾，自己则开车行驶在红绿灯全部熄灭的道路上，向着熊本机场前进。航站楼内不但四处开裂，而且还停了电。管理客机营运和办理登机手续的电脑系统自不必说，其他设备也几乎全都宕机。办公室的电脑和文件散落一地，一些储物柜都翻倒在地。大厅的天花板剥落，各种机器七倒八歪。跑道虽然无恙，但诱导路（疏散道）地面却四处开裂。货物周转中心也遭到重创，搬运口的卷帘门脱落在地。

作为 JAL 熊本机场分部的总负责人，奥田在机场内视察了一圈后，紧急联系了 JAL 总部的 OCC 指

在16日凌晨的主震中受灾严重的熊本机场。图片（按顺时针方向）分别是天花板剥落的值机柜台、玻璃幕墙粉碎的登机口、啤酒机掉落的贵宾休息室、裂缝斑驳的通道地板（除左下照片，其他照片均由JAL提供）

挥中心（Operation Control Centre），该中心负责监控和指挥 JAL 集团的所有航班，可谓 JAL 飞机的"总指挥部"。他对指挥中心说："今天（熊本机场）的航班恐怕无法运营了。"

◉ 与死神擦肩而过的员工

二次袭来的强震不但破坏了机场的硬件设备，也对 JAL 员工的生活和安全造成了威胁。

为了应对地震，JAL 熊本机场设置的岗位分配有所变化。15 日晚上 10 点左右，从福冈机场分部前来支援的同事们纷纷下班。由于第二天的岗位安排将恢复正常，为了顺利完成交接工作，前面提到的山内美穗决定留下来再加一会儿班。她回忆道："在当时那种情况下，上司还在辛苦工作，我不忍心自己回家。"但前一天刚发生过 7 级地震，为了应对灾情，白天的工作强度已经很大，山内也的确身心疲惫。体恤下属的上司命令她必须先回去休息，于是她只得下班。

57 号国道是一条横贯九州中心地区的跨山公路，也是山内每天上下班的必经之路。当天亦是如此，

值机柜台附近的天花板剥落（上图）。货物周转中心搬运口的卷帘门脱落在地（下图）。（照片由JAL提供）

她从熊本机场驾车出发，开上了57号国道，然后朝着自己家所在的阿苏市方向行驶。

到家后，她烧洗澡水，准备泡澡放松一下。可就在这时，一阵巨大的晃动袭来。山内坦言道："家里的房子很老旧，我当时认定会被震塌。"于是她第一时间钻到了被炉里，家中的什物则纷纷掉落，到处是东西摔破的声响。

"奶奶！"山内和祖母住在一起，所以第一时间想到的是确认她的安危。"我没事。"虽然在昏暗的屋内看不到祖母，但这声回答好歹让她安了心。没过多久，住在同一片区的弟弟赶来救助两人。之后，她们一直待在自家停车场的车里避难。山内回忆道："没想到阿苏市会震得那么厉害。"

第二天（16日）天明，通过新闻报道，山内得知，57号国道的阿苏大桥由于受到大规模山体滑坡的冲击而坍塌，坍塌时间是15日深夜。等于是在她前一天晚上驶过大桥后的数小时后。山内感言道："多亏了上司劝我下班回家，如果我当时再留得晚一点，搞不好就遇难了。"

◉ 植木社长指示"不要急于恢复航运"

15日夜晚的主震发生后，和14日晚上一样，手机又无法拨通电话了。此时，LINE又成了有力的工具，前一天晚上建的群再次发挥作用。负责总务和乘客服务的宫本回忆道："主震发生后，同事们开始在群里互报平安。大约1小时后，我们就确认了情况，大家都安全。"

主震后，宫本和家人去了当地自卫队驻扎地避难。但过了一段时间后，他便决定回机场上班。由于地震，平时一直利用的机场快速路被截断，于是他只得沿山路迂回而行。花了平时三四倍的时间后，终于在上午9点赶到机场。

再说在车里避难的山内，由于担心家里房子背靠的山可能也会滑坡，她和家人便转移至避难所，结果在那里住了两个礼拜。由于是阿苏市政府指定的避难所，因此那里一直有救援物资的供应。再加上避难的市民都自发地带去大米、酱菜、蔬菜等，大家一起烧一起吃，因此食物方面无须担心。

但随着避难生活的持续，山内心中涌起了类似焦急的情绪。对此，她回忆道："（当时）通过LINE的群，得知身边的同事都已回到了工作岗位，可我却只顾自己家里的事，也没法去上班。当时自己心里真的很纠结，一方面很想去上班，一方面又害怕道路危险。于是不停自问究竟能做点什么。"

其实，熊本机场的不少JAL员工的家都受了灾，有的员工的房子被震至全塌或半塌，于是只得前往避难所或公园中的避难处，根本无法上班。

半夜的主震发生后，16日一早，位于东京天王洲的JAL总部便设立了"熊本地震应对指挥部"。植木义晴社长任总指挥，召集了各部门领导和一线员工代表，总计约百人。每隔两小时，他们就会召开一次紧急会议，旨在交流最新情况、商讨对策。即便在没有会议的空档期，各部门领导也依然坐镇指挥部，为的是在必要时迅速做出判断，下达指示。

在指挥部的首次紧急会议中，当熊本机场的受灾状况得以确认后，植木社长宣布："（大家）不必着急，先要确保员工们的安全。万一航站楼出现险情，就命令大家立刻疏散到外面。至于航班，等到当地员工认为真正安全后再恢复也不迟。"

　　植木社长心里当然希望熊本机场的航班尽快恢复。东京和大阪等地的人员和物资急需被送往受灾地，航班停运还会影响公司的业绩和利益。此外，日本航空法第 108 条规定，除恶劣天气等不可抗力外，包括 JAL 在内的任何国内航空公司都有按照时刻表运营航班的义务。换言之，一旦条件允许，JAL 就必须立即重开航班。

　　话虽如此，但地震严重影响了不少 JAL 员工的日常生活。航班一旦重开，就必须每天持续。如果无法安心地投入工作，哪怕开始几天能够撑过去，也无法保障持续提供稳定的服务。这种状态既会影响乘客的感受，也会导致员工的过度疲劳。严重的情况下，可能会把员工累垮，甚至出现事故。所以说，植木社长想传达的意思非常清晰：航班的确亟待重开，但绝不能以牺牲员工的安全和生活为代价。

　　该方针立刻在整个 JAL 集团内传达到位。大家原本就把"追求全体员工物质与精神两方面的幸福"作为经营理念，并在集团内彻底实施，因此植木社长在熊本地震中提出的应对方针可以说是理所应当的。

◉ 社长不断给全体员工打电话

　　增川千沙是山内的同事，她也负责熊本机场的乘客业务。主震发生时，她正在自己家里睡觉，于是和同住的母亲一起赶往附近的小学避难。增川回忆道："（当时）附近便利店的食物和饮料都卖光了，每天早上就只啃一个面包。由于食物有限，只能省着吃。"

　　就在那段时期，一个意外来电让增川吃了一惊。"我是中野社长，上班的事不用担心，请你先注意自己的安全。"电话那头传来的是 JAL SKY 九州分公司社长中野直人的声音。受灾地区的手机信号不稳定，而且不少人的手机电量耗尽却无法充电，但中野社长却锲而不舍地拨打每一名熊本机场同人的电话，且不拨通不罢休，为的是向全体员工直接传达 JAL 集团植木社长的员工安全第一的理念。想修理在地震中毁坏的住宅，想照顾害怕余震或在避难所深感不安的孩子和父母，可是还要去上班……中野社长事先体察到了员工这种既想恢复正常生活又不想耽误公司工作的纠结心境，于是打电话过去，为的是让员工安心。

不仅如此，以上面提到的山内为例，当她和家人在阿苏市内的避难所避难时，JAL SKY 九州分公司的同事们前来慰问，他们的车上还满载各种救援物资，包括饮用水、食品、生理用品、纸尿裤、离乳辅食、手电筒等。这批慰问人员辗转各处有公司同人避难的场所，嘘寒问暖、分发物资。这种"送温暖"的活动不止一次，仅山内就碰到了多次。

慰问活动的初衷源于在 2011 年东日本大地震中积累的经验。熊本地震发生后，JAL 的相关负责人预料物流网络可能会被切断，从而导致各团体和组织提供的救援物资无法送达每处避难所。于是派慰问团队从福冈购入救援物资，然后通过陆路多次运至熊本，最终送到受灾的员工手中。

对此，山内感叹道："（当时）周围有些别的公司的员工，明明自家的房子被震坏，却不得不去上班。而 JAL 却为了我这个普通员工，特意派人赶到偏僻之地，送来物资和温暖。这着实令我惊讶，也让我切实感受到了 JAL 的确把自己的员工放在第一位。对此，我唯有心存感激，并努力回报这份恩情。"

◉ "请让我去熊本！"

再说回将救援物资送到山内等公司同人手中的慰问团队，其成员来自 JAL SKY 九州分公司福冈机场总部，而松岛诚总务部长可谓其中的代表。早在第一次地震发生后的 15 日，他便和同事一起在福冈市内采购饮用水和食品等物资，并装车启程。虽然沿途遭遇严重的交通拥堵，但总算将物资送到了熊本机场。之所以这么做，是因为 JAL SKY 九州分公司中野社长的嘱托。当时，中野社长对松岛部长说："（熊本）分部遇到了困难，你能去看看吗？"于是他立刻行动。

但就在运送救援物资的过程中，松岛部长一行人碰到了始料未及的状况。他们将首批物资送至熊本机场后，当日（15 日）晚上住在阿苏市的一家旅馆里，结果在半夜遭遇了主震。这让派他们前往运送物资的中野社长担心不已，他急忙命令松岛他们撤回福冈："总之即刻回来，注意不要受伤！"

虽然接到返回的命令，但松岛部长一行人并未立即回福冈，而是前往熊本机场提供支援。他们一直忙到黄昏，等到赶回福冈机场时，已经是晚上了。回到

在JAL　SKY九州分公司福冈机场总部担任总务部长的松岛诚。在第一次地震（强度7级）发生后的第二天，就和装满救援物资的汽车一起前往熊本。

福冈后，松岛部长做的第一件事是跑到中野社长的办公桌前，对他说："请让我明天再去一趟熊本！"

中野社长回应道："我派你们去赈灾，结果害得你们遭遇危险。你叫我再派你去第二次，不管从公司立场还是个人立场，我都无法下达这个命令。"但松岛部长心意已决，他强调："目前，在整个福冈机场总部，我对灾区的情况最为熟悉。在回来的途中，我看到熊本地区断落的电线和损坏的道路。如果不了解这些状况，的确很危险；但我则不同，所以没

117

问题。"

员工是公司的第一财富。以破产为契机，JAL 集团树立了新的经营理念——追求全体员工物质与精神两方面的幸福。而在两次 7 级强震中，全体员工依然坚守理念，并付诸行动之中。既不屈不挠，又发自内心。他们遵循稻盛先生的教诲，心怀"利他之心"，向身处困难的同事们伸出援手。可见员工们对日航哲学这种思维方式的重视程度。

◉ 航班恢复之前的航班

前面提到，在主震中，熊本机场的乘客航站楼等设施遭到了巨大破坏，但跑道和航空地面灯等并无大碍，这不得不说是一个奇迹。其实，乘客航站楼也并未完全瘫痪。除了被隔离的危险区域外，一部分确认安全的登机廊桥则被各家航空公司共用。通过这种方式，部分航班算是实现了暂时性恢复。国土交通省宣布，熊本机场于 19 日起恢复民航服务。19 日上午，第一架飞机抵达熊本机场，下午，第一架飞机从熊本机场起飞。

但不为人知的是，在主震发生后的 16 日天亮前至 19 日之间，其实有一架民航飞机降落过熊本机场。它是一架 JAL 的波音 767，于 17 日晚上抵达熊本。飞机货舱里装着 3000 条毛毯。毛毯来自零售商巨头永旺集团。受熊本市之托，永旺集团紧急调拨了这批赈灾毛毯，而 JAL 则协助空运。

JAL 和永旺的协作关系可以追溯至 2007 年。当时是为了让永旺的信用卡和积分能与 JAL 的里程积分系统相互打通，但双方也在灾情应对、灾区支援等方面达成了协作意向。有了这一基础，在 2011 年东日本大地震发生后的第二天（3 月 12 日），JAL 就将永旺提供的紧急物资空运至受灾的东北地区。

为了进一步强化救灾时的协作关系，双方于 2016 年 3 月签订了《紧急物资运输事项备忘录》。备忘录明确了 JAL 接受紧急物资运送任务的条件、灾害发生时双方的联系窗口等。不仅如此，双方还实施了一次演习：用卡车将救援物资从永旺的物流中心运至羽田机场，然后用 JAL 的飞机将它们运至德岛机场。就在该演习结束后的短短一个月，便发生了熊本地震。

参与上述演习的 JAL 机场地勤负责人介绍："紧

急物资虽然多为重量较轻的生活用品，但往往数量多、占地大。为了让空间有限的飞机货仓尽可能多地装下物资，就需要思考和研究搬入和堆叠的顺序。"可见，该演习并非单纯见证双方合作的仪式，而是一次真正的救灾实验。参与者全心投入，为的是找出通过实际操作才能发现的不足和盲点。

得益于这种常态化的协作体制，熊本地震发生后，紧急物资的空运较为顺利。前面提到，货物周转中心在地震中遭到破坏，搬运口的卷帘门脱落。对此，JAL熊本机场分部总负责人奥田回忆道："（当时）周转中心还能运作，再加上从羽田和福冈机场前来支援的同人，因此我们决心克服困难、竭尽全力。"虽然暂时无法进行客运，但供应货物还是可以努力一把的。凭着这股精神，临时货运航班终于启动。

而在16日的主震发生后，双方的协作关系也发挥了巨大的作用。虽然当天飞机实在无法在熊本机场降落，但满载着大型避难帐篷的JAL飞机还是就近抵达了长崎机场。之后，这些帐篷由陆上自卫队驱车送往受灾地区。在地震后第一时间的救助和避难活动中，这批帐篷发挥了重要作用。除了永旺之外，JAL 还与其他企业或团体展开合作，将大批帐篷、药品、毛毯、面包、饭团等救援物资（总计约80 吨）送至熊本或附近的机场。

而在 16 日之后，恢复客运航班的工作也在如火如荼地展开。乘客航站楼的各部分在主震发生的一两天后依次恢复供电。经确认，虽然有几台终端电脑震落摔坏，但航运管理和值机等业务系统运作正常。和负责乘客业务的山内和增川一样，有不少隶属熊本机场的 JAL 员工为了避难而无法上班，这导致当时实际出勤的员工数只有平日的三分之一。多亏了来自羽田和福冈机场的帮手，才弥补了人员短缺。

◉ 机型调配以服务乘客为本

地震发生后，不仅在熊本地震前线，就连 JAL 东京天王洲总部也是繁忙至极。以负责 JAL 集团全线航班的 OCC 指挥中心为例，它既要维持正常航班，又要应对临时航班，还要为熊本机场的重开做准备。为此，指挥中心设立了两个团队，分别处理相关业务。而在主震发生后的第二天（17 日），低气压又横

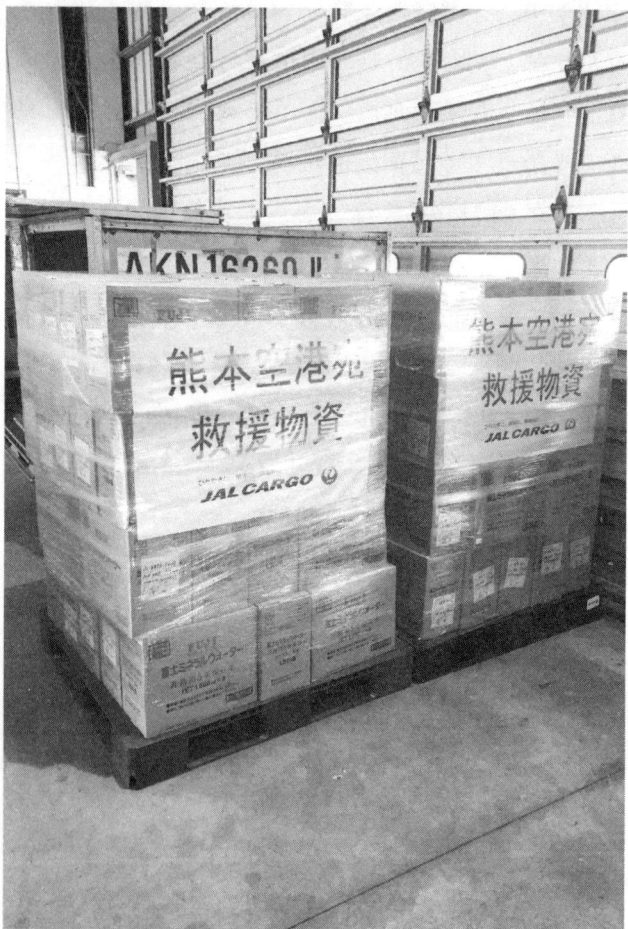

在参与熊本等九州地区的赈灾工作中，JAL采取多项举措，力图为受灾地区提供帮助，包括对一部分救援物资予以免费空运。（照片由JAL提供）

跨日本列岛，再加上一家外国航空公司的飞机于下
午在成田机场紧急着陆。这一系列的意外导致大约
35 班 JAL 航班被取消，20 班 JAL 航班被迫降落在目
的地之外的机场。负责航线规划的河本回忆道："17
日当天实在是够呛。"

即便如此，河本和堀冈等航线规划分部的员工
也没有忘记关心地震受灾地区。19 日，当熊本机场
的航班恢复后，他们把原本用于伊丹—熊本航线的
机型（50 座 CRJ200）换成了 76 座的 E170。E170 不
但座位数比前者多，而且还装有名为"Ⅲ型"的高
精度仪表着陆系统。

4 月的熊本机场时常会起雾，这会影响飞行员的
视野。如果采用没有"Ⅲ型"着陆系统的 CRJ200 机
型，就会有取消航班的可能；但搭载这一系统的
E170 则不同，由于仪表和雷达能够捕捉到飞机着陆
所必需的数据信息，因此能够在一定程度上克服大
雾等低能见度的恶劣天气，降低取消航班的概率。
对此，河本介绍："（当时）航班刚刚恢复，每天的班
次本来就有限，为了尽量避免取消航班的情况，我
们决定变换机型。"

不仅如此，他们对羽田—熊本航线的机型也做出了调整，集中投入了大批能够提供机内 Wi-Fi 服务的机型。这些机型拥有与卫星通信的设备，能够通过卫星连接互联网，从而让乘客能够像在地面上一样，使用智能手机等设备享受上网服务。该服务原本主要用于商务人士较多的羽田—伊丹和羽田—福冈航线，但在熊本地震发生后，JAL 的 OCC 指挥中心便将相关机型调配至熊本和大分机场，并为乘客免费提供 Wi-Fi 服务，且免费期一直持续到 6 月底。

对此，河本回忆道："（当时）我们分析了乘客的需求，尤其是从东京回熊本的乘客，往往很想在飞机里就和当地的家人联系上。为此，我们集中调拨了拥有 Wi-Fi 服务的机型，而乘客对此表示满意和感谢，有的乘客对我们说，原本在飞机内无法与受灾地区的家人联络，所以心中惴惴不安，可坐了有 Wi-Fi 的飞机后，既能及时与家人取得联系，也不用担心下飞机后该去哪里与他们碰面了。"

● 总部长当联络员，副社长当搬运工

在恢复熊本机场航班的过程中，JAL 的高层干部

也发挥了巨大作用。"阿部，情况紧急，你能马上去一趟熊本吗？"在第一次地震发生后的次日（15号），东京天王洲的JAL总部里，植木社长对机场总部部长兼运营主管的阿部孝博如此说道。

受命来到熊本的阿部总部长与熊本机场分部的总负责人奥田同心协力，雷厉风行地处理相关事务。奥田专注于与机场运营公司、国土交通省的熊本机场事务所、其他航空公司的熊本机场分部等保持联系，确认各个现场的状况；阿部则全权负责与东京JAL总部的协调工作。

身为机场总部长，阿部平时一直在JAL总部工作，因此对其中的人事、岗位和分工十分熟悉。面对亟待处理的纷繁事项，该和总部的哪个部门接洽，该和相关部门的谁联系，他都了如指掌，甚至连相关负责人的相貌都能瞬间在脑中浮现，其办事效率之高可想而知。对此，奥田感叹道："当时要是没有阿部总部长的支援，航班恐怕无法在19日恢复。"

得力的外援干部何止阿部，在熊本机场恢复航班的数日后，有位JAL高层干部悄无声息地出现在机场，他就是副社长藤田直志。"有什么我能帮忙的吗？"他对一线员工如此问道。然后，他先是在值机柜台后面给乘客托运的行李贴好标签后搬上传送带。等忙得差不多时，他又开始手脚麻利地擦拭给乘客用的婴儿车。

其实藤田副社长这么做并非心血来潮。在平时，只要周末有空，他就会去羽田机场，和年轻的一线员工们一起干活、一起流汗。对此，他说道："在我看来，与一线员工直接交流，是我身为副社长的职责之一。"在这一信念的支持下，面对熊本地震，他自然无法坐视不管。虽说羽田和福冈机场的 JAL 同人已经前去支援，但在持续不断的余震中，他们势必也很疲惫。本着这样一颗体恤之心，他前往熊本机场，为的是尽自己的一份力。

其实不久之前，藤田副社长因公出差去熊本机场慰问过一次，而这第二次则完全是个人行为。过了最忙的时段后，他就悄悄走开了。等到奥田得知其来访的消息时，藤田副社长早已回东京了。事后，奥田直接问藤田副社长，当时为何不事先联系自己，结果藤田爽朗地笑着答道："我当然不能提前告诉你了。搞不好你又是郑重迎接，又是害得一线员工们十分拘谨。我可不愿那样。"对此，奥田感言道："经营层并不会仅局限于视察现场和下达指示，他们还具备深入基层、身先士卒的精神。"

● 活跃在第一线的外援同人

到了 19 日航班重开时，能够出勤的员工也渐渐增加。由于受灾，之前有将近三分之二的人不得不先处理家事，安顿家人。此时总算告一段落，因此恢复出勤的员工日益增多。就以负责乘客业务的增川为例，她于 20 日开始上班。这也是 JAL 从熊本机场出发航班的重开日。对于重新上班的第一天的情景，她回忆道："办公室整理得井井有条，整洁得让人不敢相信前几天有过地震。多亏了从各地前来支援的同人，我之前才能在受灾后安心料理家事。"

与增川同样负责乘客业务的山内亦是如此。前面提到，由于 57 号国道部分路段发生塌方，她从阿苏市到熊本机场开车上下班的必经之路陷入瘫痪。虽说绕道而行也可以，但每天上下班毕竟心里没底，于是她在避难所待了两周后，便暂住到了熊本市内的妹妹家，每天从那里去机场上班。

为了照顾像山内那样受灾的员工和其家人，JAL SKY 九州公司包下了机场附近的酒店，作为员工的临时宿舍。对此，山内感叹道："（当时）觉得自己连续两周缺勤，搞不好只能辞职了。结果公司不但为我保留了岗位，还提供酒店房间安顿员工，真让人心里踏实。"

　　面对地震，熊本机场员工和外援同人组成的混合团队，在接待乘客方面也发挥了积极作用。地震后，航站楼内的电梯一度无法使用，给行动不便的乘客带来困扰。为此，前来充当外援的男员工们甘愿变成"人力电梯"。四人一组，抬着乘客连轮椅一起上台阶，从而减轻了当地机场员工的负担。

　　在值机柜台，与地震前相比，本地乘客与工作人员的对话频率明显增加。对此，山内回忆道："正因为自己也是地震的亲身经历者，所以能够体会乘客的心境。'（当时）真是很可怕''您无恙吧'……一句句发自肺腑的问候，能够深入乘客的内心。而随着时间的推移，乘客所讲的内容也在发生变化。'之前就计划去旅游，现在总算可以出行了，所以来乘飞机''去东京迪士尼放空自己，换换心情'……

这让我感受到受灾地区的人们正在渐渐恢复日常生活，实在是一件令人欣喜的事情。"

◉ 人为纽带以卡传情

随着熊本机场本地的工作人员逐渐回到岗位，从羽田和福冈机场前来的外援同人也渐渐撤出。至5月下旬，整个机场已经能够由本地工作人员独立运营了。虽然外援同人已经归去，但来自 JAL 世界各地分部的鼓励卡片却如雪片一般，不断寄来。

在 JAL 集团内，有一种名片大小的卡，名为感谢卡，用于同事之间互相表达谢意。比如，在自己忙不过来的时候，有同事出手相助，但当时没能道谢，或者不好意思直接道谢，这时就可以把收件人和寄语写在感谢卡上，然后通过公司内部邮递寄送。熊本地震后，来自 JAL 集团各地分部的感谢卡，带着鼓励的寄语，纷纷送到熊本机场。当然，这一切都不是上级领导的命令指示，而是各地同人的自发行为。

这些卡片贴在了 JAL 驻熊本机场办公室里。一张张感谢卡，一句句激励的温暖言语，布满了会议室和走廊的墙壁。写卡和寄卡的有一线员工，也有总部长级别的干部。对此，熊本机场分部的总负责人奥田感言道："待在避难所，人会感到压抑难受；待在办公室的休息室，看到自己被各地同人的鼓励寄语围绕，不但寂寞感一扫而光，而且想到有这么多同人在关心和体贴自己，的确非常温暖。"

在 JAL 集团，感谢卡除了员工之间的内部版，还有面向乘客的外部版。在熊本机场恢复航班的数周后，负责乘客业务的增川碰到了一对刚刚抵达机场的夫妇，他们要求改签回程票。"我们是来当志愿者的，希望在这里多待一阵子，所以打算推迟回去的日期。"听到缘由后，增川便和同事们一起做了一张感谢卡，上面写道："感谢光临熊本，谨表谢意。"

过了一段时间，当这对夫妇来机场乘坐回程航班时，值机柜台的 JAL 工作人员便把这张感谢卡交给了他们。二人热泪盈眶，对工作人员说道："如今（熊本）依然有余震，但灾难终究会过去，我们大家一起努力吧！"两种感谢卡，好比是两种媒介。一种让 JAL 熊本机场分部和其他分部心心相印，一种让乘客和 JAL 员工心灵相通，可谓发挥着重要作用。

⚫ 增收的熊本分部以实际成果报恩

前面提到，由于大地震，JAL 熊本机场分部一时只有三分之一的本地员工能够出勤，这对运营造成了巨大影响。好在有其他分部的外援同人、救援物资，再加上鼓励的温情寄语，熊本分部才渐渐恢复了正常运营。6 月 1 日后，虽然航站楼的一些硬件设施，如洗手间和宾客休息室等，还没有 100% 达到地震前的状态，但所有民航航班都恢复正常了。奥田回忆道："（当时）心里想的是如何报答公司内外各方面所给予的帮助。"这份报恩之情，最终化为实际成果：提升的服务和增加的营收。

乘客对旅程充满期待，熊本机场的 JAL 分部也灵活应对，尽量满足乘客的要求。地震发生后，希望改签和取消的乘客非常多，"老家受灾，所以急着处理，能否给我改签""我订了机票，可在出票之前发生了地震，所以没能按时办理出票"……一般来说，根据价格和舱位，机票有不同的改签和取消规则。工作人员在处理相应问题时，必须遵循相关规则。

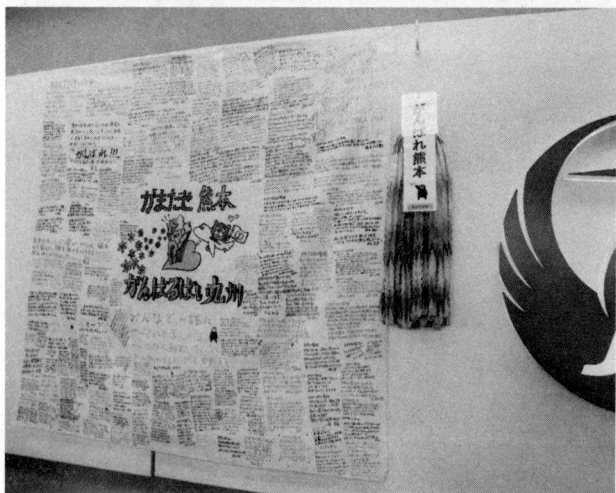

JAL驻熊本机场办公室里的休息室（上图）和熊本机场的JAL值机柜台
（下图）的墙壁。上面贴满了从JAL各机场分部和集团总部各部门寄来
的卡片。

但在地震发生后的熊本机场，JAL 分部却出台了不一样的应对方式。山内介绍道："（当时）我们在处理乘客的相关问题时，秉承的原则是想乘客所想，急乘客所急，设身处地为乘客考虑。即便规则上不可以，有时也可变通。"当然，这并不意味着无视规则，不假思索地为乘客开绿灯，而是要认真听取乘客的情况和缘由，并灵活且人性化地应对。

一线员工能够像这样不拘规则地处理乘客的问题，并且得到上司的事后承认，其根源便是日航哲学中的两大条目："以'作为人，何谓正确？'进行判断"和"从旅客的视角观察"。在定好规则的前提下，并非不由分说地让员工一味服从，而是让员工遵循、认同和学习规则背后的哲学思想，并使之成为全员的共同意识。正是在这样的条件之下，一线员工才能拥有实时判断、灵活应对的底气和自信。

已经介绍过，整个 JAL 集团引入了部门独立核算制，并将"提升销售、抑制成本"的方针推广至各部门和分公司的第一线。JAL SKY 九州公司亦不例外，其于 2014 年夏季引入了部门独立核算制。每个月，奥田和其他机场的 JAL 分部领导都会前往福冈

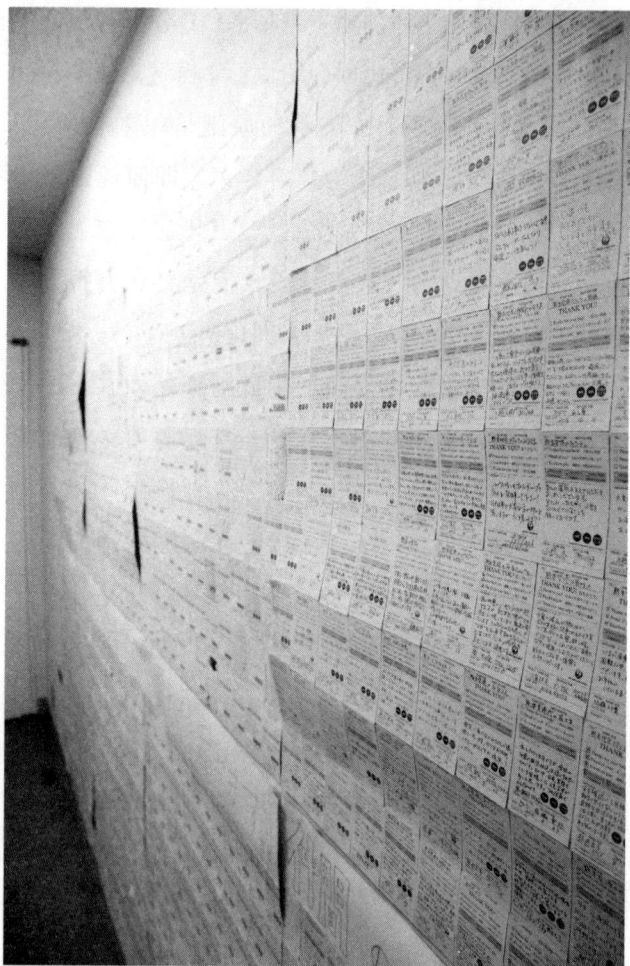

JAL驻熊本机场办公室。走廊的墙壁上贴满了JAL集团国内外各分部员工寄来的感谢卡。

机场总部，参加每月一次的例会，汇报当月业绩，并设定下个月的目标。回到熊本机场分部后，奥田便会向员工们传达会议内容和精神，使其成为全员共享的信息。

为了推进部门独立核算制，提升销售额，JAL驻熊本机场分部做出了诸多努力。而其中的一大亮点则是推销JAL里程积分会员卡和联名信用卡。在这方面，熊本机场分部的推销业绩让其他机场分部甚为敬佩，也让其拥有了"增收的熊本分部"的美名。

2014年度，熊本机场分部超额完成了新增1200名JAL里程积分会员的目标，其实际业绩高达3000名，超额了一倍多，这让其他机场分部惊叹。2015年度的目标是4000名，他们再次漂亮地达成目标。到了2016年，他们又将目标进一步提高至6000名以上。纵观同样规模的城市机场的JAL分部，其年度目标基本都在两三千名。可见熊本机场分部的目标有多高。

但同年4月的地震和震后5月的航班减少等客观因素，使得加入里程积分会员的人数大幅减少，月度的新会员数一度不过百人。当时，奥田看着核算表叹气道："虽然形势严峻，但地震是不可抗力，现在也不是纠结目标和业绩的时候啊……"

6 月以后，所有航班完全恢复，新会员数也骤然增加。6 月和 7 月的月度业绩均接近 700 人。究其原因，奥田和其他干部并没有给员工"训话激励"，一线员工也没有向乘客强硬推销里程积分会员卡，一切都是自然而然的结果而已。对此，奥田笑着说道："对于在地震中伸出援手的 JAL 集团的广大同人，这也算是一种报恩吧。"

由于地震而暂住避难所，心中希望快点回到工作岗位；与外援同人一起辛勤工作、洒下汗水；航班陆续重开后，切身感受到乘客的欣喜之情……这些经历，都让熊本机场分部的 JAL 员工回归原点，重新认识到了身为 JAL 集团一员的意义。而如今，他们怀着比地震前更为坚定的信念和更加温情的体恤之心，在各自的岗位上继续奋斗。

（上图）JAL SKY九州公司熊本机场分部的主要干部
从左至右依次为宫本裕美、增川千沙、山内美穗、奥田和昭
（下图）JAL SKY九州公司熊本机场分部的员工们
在自身受灾的情况下努力振作，不但致力于服务乘客，还在各自的岗位
上持续奋斗

经验丰富的机长直接传授传达信息的技巧

要想让团队协作发挥良好作用，同事之间的顺畅沟通是关键。为了提高沟通的质量，JAL 集团导入了科学的方法。让我们以 JAL 飞行员接受的交流研修为例，了解这种方法的机制。

在通过严格的选拔考试之后，成为飞行员候补受训生的新员工还需要完成长达数年的训练课程。而他们首先要学的既不是飞机结构，也不是驾驶技术，而是名为语言技巧教育的沟通方法。

在课程中，新员工要学习如何即时读懂在飞行过程中接收到的无数信息，并以此为依据，做出冷静的判断，最终将指示或信息准确地传达给空管人员和乘务员。课程会掺杂练习，总计大约 7 小时。当新员工在未来成为真正合格的飞行员后，每年仍须接受 3 小时的相关训练，为的是不断确认是否掌握了要点。

JAL 之所以如此重视沟通技巧，缘于实际的教训。对此，隶属航运总部训练部门 777 训练室的荻尾龙太机长介绍道："从 2008 年至 2009 年，(JAL) 发生了数起由于沟通不畅而导致的航运差错。"比如，飞行员在未获得空管人员许可的情况下进入准备起飞的滑行阶段。仅仅由于飞行员误解了空管人员的话语，却可能导致与其他飞机相撞的恶性事故。

作为交通工具，民航飞机载客量大（多的时候可达 500 人）、飞行高度高（超过 1 万米）、飞行速度快（时速可达 900 公里左右）。倘若飞行员不懂如何有效沟通，就可能导致可怕的差错甚至事故。为了避免类似状况再次发生，JAL 内部开始研讨导入沟通技巧教育的可行性，并在 2012 年 5 月导入了筑波语言技巧教育研究所提供的语言技巧教育课程。次年（2013 年），JAL 还制作了为其飞行员量身打造的内部教材，积极开展提升飞行员沟通技巧的培训活动。

避免絮絮叨叨不得要领

JAL 的沟通技巧教育包括对话、分析、说明 3 大科目。先是"对话"，受训者需要听取对方提出的问题，然后锻炼符合主旨且内容准确的回答技巧。

常用的对话练习方式是两人一组相互提问的问答游戏。比如："飞机餐有鸡肉和鱼肉，您喜欢哪一种？"面对该问题，不少人会先解释理由：鱼肉感觉健康一点，但鸡肉好像量足一点，所以还是鸡肉吧。如果是乘客，那怎么回答都没问题，但如果是执行任务的员工，就应该先直奔主题："我偏爱鸡肉，因为……"对此，获尾机长介绍道："关键要先呈现提问方希望获得的结论，别人就不会对你感到不耐烦。"

而在进行"分析"训练时，受训者需要观看一些图片，其中有机场图解和中世纪的西洋绘画等，然后记录下从中获取的信息。其关键在于客观平实，既不能加入自己的主观臆断，也不能急于得出结论。

尤其是绘画，人在观赏这种艺术作品时，往往会放飞想象，发散思维，但对飞行员而言，这却是大忌。倘若在航运时主观臆测或随意下结论，就可能对周遭的实际情况做出误判。因此在这项训练中，要求受训者以不同于平常的方式审视作品，客观读取画作中的信息，慎重地把握状况。

最后的一环是"说明"。在向上司和客户报告情况或联络事项时，要注意自己是否想到哪里说到哪里；抑或是否自以为在耐心详细地解释说明情况，但其实听话者却不得要领，于是不断追加问题，浪费时间。

为了避免出现上述情况，应该优先给予对方采取下一步行动时所需的关键信息，之后再详细说明具体状况等次要信息。这样便能防止遗漏要点，并保证在最短时间内将信息传达到位。

①对话 结论后置是对方焦躁之源，要下功夫做到内容简洁

Q. | 你喜欢模拟飞行训练吗？

⊗ 反面典型	○ 正面典型
A. 因为能够体验到引擎故障和机舱减压等非常状况，还能实际了解自身的长处和短处，所以我喜欢模拟飞行训练。 ①	**A.** 我喜欢模拟飞行训练，理由有二：一、能够体验到引擎故障和机舱减压等非常状况；二、能够实际了解自身的长处和短处。因此我喜欢模拟飞行训练。 ②③ ④ ⑤

② 主语明确，清楚表达了自己的意见

③ 首先传达对方最想知道的结论

④ 声明理由条数，且逐条陈述，不但简洁明了，还让对方有心理准备

⑤ 最后再次声明结论，明确传达要点

① 结论后置，容易让听话者焦躁

②分析 推测臆断很危险，要提高客观审视的能力，从而杜绝差错隐患

（插图由JAL提供）

下雪了，是冬天吧。

✕

不能在看到的情景中加入自己的主观臆测而妄下结论。

下雪了，但图中还有穿短袖的飞行员，且人们神情忙乱。可能是冬天，也可能是气候异常导致的降雪。

○

不主观臆断，尽量多地从图中读取信息并慎重判断。

③说明 什么是对方做出判断所需的关键信息？

反面典型	○正面典型

客舱
乘务员

大约5分钟前，坐在30A号座位的男乘客昏倒了，大约50岁。他是在站起来的过程中突然倒下的，看起来似乎没有喝过酒。现在该乘客正躺在右后方的舱门过道处。

飞机内有乘客昏倒了。现在我们正在播送机内广播，确认飞机上是否有乘客是医生。该乘客为男性，50岁上下，大约在5分钟前昏倒。他是在站起来的过程中突然倒下的，看起来似乎没有喝过酒。现在该乘客正躺在右后方的舱门过道处。

乘客有意识吗？

机长

没有意识。现在我们正在播送机内广播，确认飞机上是否有乘客是医生。

明白。

明白。

未能及时传达做出紧急判断所需的信息，导致对话次数增加。

在说明情况时，考虑到对方所需的关键信息是什么，从而精简了对话。

143

第五章

准点到达率世界第一
数据分析与随机应变

航空公司作为国家社会公共交通运营的一环，"准点出发，准时到达"是理所当然的义务。话虽如此，但在现实中，由于恶劣天气、航班拥堵等，飞机时常会晚点。飞机乘客经常会说："飞机快是快，但总担心能不能准时。"2015 年，JAL 在全球主要航空公司中脱颖而出，实现了世界第一的准点到达率。自 2009 年以来，整整 8 年间，JAL 有 5 年获得了"准点到达率世界第一"的荣誉。其对于航运的精准要求，远远高于其他国内外竞争对手。JAL 的秘诀在哪里？让我们深入一线，一探究竟。

◉ 准点起降的含义是多重的

需要先解释一下"准点起降"的定义。从字面上来看，即"按照时刻表的时间，准点出发和到达"，但其实际上较为复杂，包含着多重意思。

准点起降包括"准点出发"和"准点到达"两层含义。飞机降落到机场后，其前轮会被安上制动锁；起飞滑行前，制动锁会被移除。而飞机时刻表上的"起降时间"，其实分别指的是"移除制动锁的时间"和"安上制动锁的时间"。像羽田和成田这种航班繁忙的机场，哪怕按时移除了制动锁，有时因为要排队等候起飞，也会发生晚点。反之，有时哪怕滑行起飞较晚，但由于加快了飞行速度，飞机照样能准点到达。不仅如此，有时因为风向，比如从西往东飞的飞机，便能够乘着偏西风加速，飞机还会提早到达。

至于开头提及的"准点到达率"，其数据源于调查和分析飞机航运数据的权威网站——Flight Stats。而 JAL 官网的安全·航运信息页则有准点出发率的数据信息，这一信息每月统计和公示。而日本国土交通省则会统计各航空公司的准点航运率，每季度发表一次。而其所指的准点航运率，其实是"准点出发率"。

更错综复杂的是，各国各地对于准点的基准也各不相同。前面已经提到，纵观世界民航航运业，百分百的准点起降并不现实。为此，Flight Stats 给出的容许范围是 14 分钟内，而国土交通省的则为 15 分钟内。换言之，迟 14 分钟或 15 分钟，依然属于准点。而在 JAL 官网上，其对准点出发的定义为：以时刻表的出发时间为基线，晚点时间不超过 15 分钟，即为准点出发。另外，乘务员、机场工作人员和飞行调度员等对于准点的定义则完全不同。在这些一线工作人员眼中，唯有真正的"分毫不差"才能被称为准点。哪怕迟 1 分钟，也属于晚点。这种严格的态度，不逊于铁路系统的运营人员。

● 既不加成本又回馈乘客

早在 2010 年破产前，JAL 便已经对准点起降有所注意。但当时只是把相关数据公示在集团官网和国土交通省网站上而已，不管在 JAL 内部还是乘客中间，它几乎都不算什么话题。而在经历了破产后，准点起降率升级为 JAL 内部的重要考核指标，也成了集团全体员工所追求的目标。

自从破产，失去日本民众信任后，JAL 一直在各工作一线努力摸索让乘客重拾信赖的方法。由于条件所限，花钱自然不现实。于是，机场的 JAL 员工们展开了相关讨论，其中的议题之一是"何为 JAL

与乘客之间的约定"。

羽田机场的繁忙是出了名的，每天大约有200次航班从那里起飞。为了提升JAL航班在羽田机场的准点率，相关岗位的员工们认真思考、努力研究。JAL SKY羽田事务所业务部国内乘客服务小组的矢嵜敬太回忆道："说到约定，大家当时首先想到的是安全，然后便是准点。"

就在JAL宣布破产时，Flight Stats首次推出的"航空公司准点率排行榜"也在如火如荼的数据统计之中。2010年4月，排行结果公布。其显示，从JAL破产前的2009年1月至12月，其总计运营的约21万次航班中，其准点到达率高达90.95%。在全球46家大型航空公司中跃居榜首。当时JAL风雨飘摇，这个来自第三方调研机构的褒奖，让JAL全体员工看到了一丝光明。

虽然资金紧张、缺乏投资费用，但依然想尽力回馈乘客。即便身处逆境，也要因地制宜采取对策。在此情况和契机下，JAL集团开始着力于力保准点，信守约定。

◉ 缺乏联动的弊害 "不准点也无所谓"

虽说 JAL 在 2009 年获得了 "世界第一准点率" 的荣誉，但当集团上下试图共同推动准点运营时，第一线的员工们却面临着诸多课题。其中，各部门缺乏联动是导致晚点的主要原因。

比如，前面提到的两大定义 "准点出发" 和 "准点到达"，在 JAL 集团内部也同时存在。对于机场工作人员等隶属机场服务部门的员工而言，要追求的是准点出发；而对于飞行员等隶属航运部门的员工而言，准点到达才是关键。

因此，即便大家开会讨论如何推进准点运营，两大部门之间也是鸡同鸭讲。在制定航班时刻表时，其对于飞机的速度设定并非基于最大马力的全速，因此飞行员有较大的调整空间。因为既要按照机场的运营计划，也要根据分配的起降安排，有时还要考虑减少燃油使用量而故意降低飞行速度。反之，有时为了挽回晚点出发所浪费的时间，飞行员也会依靠加速来实现准点到达。由此可见，在航运部门看来，是否准点出发并不是非常重要。

纵观机场服务部门，即便飞机晚点到达，如果能够在引导乘客和转运行李方面下功夫，就能按时将乘客送至下一航班。在这样的任务意识下，他们自然只会关注准点出发。但倘若这样的情况继续，各部门目标难以一致，联动协作就无从谈起。

为了解决该问题，双方转变了各自的思维方式，并决定一改之前"各自为政"的情况，真正实现矢量一致。航运部门不仅只顾准点到达，也开始注意准点出发，努力加快起飞前的准备工作；机场服务部门也开始注意之前不太重视的航班到达时间，尽量在飞机抵达前做好能够提前做的准备工作。

这种对于矢量一致的哲学实践，带来了多种正面效果。航运部门开始重视准点出发，使得繁忙机场，如羽田机场的停机坪和诱导路的拥堵状况有所缓解。以前，有时飞机明明准点着陆，但前面的航班晚点起飞，从而导致停机坪拥堵，最终造成飞机晚点到达，如今这样的情况也少了很多。

此外，由于机场服务部门开始重视起准点到达，引导乘客转机的准备工作得以提前进行。不管航班是准点到达，还是晚点 30 分钟，抑或提前 30 分钟到达（国际航线有时会出现这种情况），机场工作人员都能灵活机动地调整针对转机乘客的告知内容。为了避免后面的航班出现连锁性晚点，有时他们会陪着不熟悉换乘方式的乘客走到登机口，有时他们则会将乘客引导至休息室。总之，一切都需要随机应变。

◉ 实现提前分享宠物托运信息

矢量一致并非只限于机场服务和航运部门。JAL每月都会举行一次例会，会议的议题是准点运营，所有部门都要参加。为了提升准点率，与会者会提出各种课题来商讨解决方法，并做到信息共享、群策群力，且一直坚持，从未间断。

有一次，在羽田机场分部举行的月度例会上，装卸飞机行李和货物的地勤部门的负责人发言道："一趟航班有多少宠物要托运，笼子的尺寸是多少。每次要等到航班出发 15 分钟前，我们才能得知这些相关信息。如果能够提前分享到这些信息，我们就能有充分的准备。"

将行李和货物装上飞机是一项复杂的作业，它就像拼图一样。工作人员要把乘客的行李、企业的货物和物流的快递一个不少并恰到好处地塞满货舱或集装箱。不仅如此，还要考虑它们的摆放位置和重量分配，从而保证机体前后左右的平衡。

其中，宠物更须细心对待。在装机前，要把它们放在温度可控的区域，确保它们不会感到不适而生病；装机时，不能把它们放入集装箱，而要把它们的笼子一个个摆放在货舱里。因此，工作人员必须提前知晓装宠物笼子的数量和尺寸，才能完成这种类似智力拼图的作业。但由于时间急迫，有时要到最后时刻，才能将"最后一块拼图"归位。一旦到了夏季等运营高峰期，每天托运的宠物有时甚至多达两三百只。有时飞机都快起飞了，又突然冒出来几只要托运的宠物，这时工作人员只得重新来过，把装好的行李货物卸下来，以便重新安排布局。这就导致了航班无法准点起飞。

在破产前，JAL 的值机柜台人员和地勤部门人员缺乏联动，前者只顾为乘客托运宠物，后者只顾将宠物顺利装机。"希望尽早得知宠物托运的具体情况等相关信息，以便高效地进行装载"，这种地勤部门

人员的心声，当时几乎无法传达到值机柜台人员的
耳朵里。因此，等到飞机起飞前 15 分钟，当托运的
宠物从值机柜台移交至地勤部门时，后者才知道宠
物的数量和笼子的尺寸。而在那之前，两个部门没
有任何信息共享。

　　而在重建后，由于各部门开始齐心着力实现准
点运营，地勤部门人员的心声便传到了值机柜台人
员的耳中。值机柜台受理宠物托运的时间截至飞机
起飞前 30 分钟，值机柜台人员便能在停止受理后，
立刻通过无线对讲机向地勤人员报告宠物数量及笼
子尺寸。这样一来，地勤部门便有较为充裕的时间
来考虑行李和货物的空间分配。对此，矢嵜介绍道：
"（该举措）使得因载货导致的晚点情况大幅减少。"

　　不仅如此，通过定期会议，各方面的沟通变得
通畅。用矢嵜的话说，"（不管什么事）总之先摊开来
讲"。就像宠物托运的例子，通过与其他部门共享课
题，能够催生新的创意和解决对策。而对于得出的
对策，姑且先进行尝试，以验证其实际效果。换言
之，大家重视所谓的试错机制。

致力于提升JAL航班在羽田机场准点率的矢嵜敬太，隶属JAL SKY羽田事务所业务部国内乘客服务小组

◉ 摸清晚点最频繁的 5 班航班

羽田机场作为日本首都东京的迎客门户，光是 JAL 公司一家，每天便有大约 200 班航班从那里出发。在羽田，各家航空公司共用的跑道可谓日夜不息，大量飞机接连起降，登机口也是时常满负荷运作，诱导路上的飞机也是逐架排队。为了让准点率接近百分百，必须将晚点的各种诱因消灭在萌芽阶段。为此，矢嵜和同事们认真分析数据，仔细观察航站楼的情况。

他们先检查所有航班的准点率，从中拣选出上午 6 点至 9 点的航班，在 JAL 内部，这些早间航班被称为晨始航班，并从中挑出晚点最频繁的 5 班航班。然后针对它们，彻底分析晚点原因，并研究改进对策。至于为何要着眼于晨始航班，矢嵜解释道："这些航班的飞机前一天晚上就已经在羽田机场停泊待命，它们若是晚点，自然与着陆时间无关，问题就出在机场本身。"换言之，相关负责人必须凭借智慧，思考如何不受机场等外部环境的影响，提高准点率。

纵观被挑出来的 5 班航班，其晚点情况亦不尽相同。有的比较准时，有的较易晚点。对此，矢嵜介绍道："上午 7:30 从羽田出发飞往位于北海道的新千岁机场的 503 号航班是老大难，如果按照严苛标准，就是晚 1 分钟即是晚点，那么从 2015 年 6 月 30 日至 9 月 29 日之间，其晚点的天数已接近 90 天。"换言之，该航班的晚点已经常态化。

503 号航班使用的机型为波音 777-300 型。它是目前 JAL 保有的最大客机，拥有 500 个座位。不少乘客都是跟团或自由行游客，他们往往提前购买折扣机票。为了能在北海道多加逗留，他们喜欢较早出发。与此相对，飞往伊丹的航班大多搭载的是出差的商务人士和企业客户。这导致搭乘 503 号航班的大多为不经常乘飞机的游客。换言之，其乘客人数多，且对机场不甚熟悉。

◉ 现场调研找出航班晚点的症结

那么问题来了，上述 503 号航班的主要乘客群体是如何在机场内行动的呢？矢嵜花了一周时间，连续每天一早出勤，持续观察搭乘这一航班的乘客们的行动路线。从值机柜台到安检区，再到登机口，结果他发现了两处瓶颈：安检区和前往登机口的途中。

羽田机场分配给 JAL 的登机口数量众多，它们以第 1 航站楼为中心，延伸至南北两翼。飞往北海道的航班集中在航站楼北翼，而北翼安检区早间只开放一部分，直到上午 7 点才会全部开放。而 503 航班的登机起始时间为 7:15。可想而知，在短短 15 分钟内，很难完成对 500 名乘客的安检工作。而在接受安检后，乘客还要走相当一段距离才能抵达 503 号航班的登机口，这又导致时间的损耗。

为了解决这一问题，矢嵜他们决定，先提前全面开放相应的安检区。但假如简单粗暴地提前，则是不现实的。因为这需要让安检人员提前出勤，从而直接增加了人工成本。为此，他们想出了较为折中的方式。由于北翼有两处 JAL 的安检区，其中的 F 安检区离 503 号航班的 18 号登机口较近，且拥有 7 条安检线，因此他们只让 F 安检区的全面开放时间提前至 6:30。与此同时，他们还调研了其他安检区在同一时段的繁忙情况，并将较为清闲的安检区的部分工作人员临时调配至 F 安检区，从而既达成了目的，也尽量控制了成本。

矢嵜向负责早班的 JAL 机场工作人员通报了 503 号航班的晚点常态化现状，并提出了解决对策。他要求工作人员以重复播报的方式，不断提醒乘客务必提前 10 分钟到达登机口；一旦发现有疑惑徘徊的乘客，要立即前去予以帮助和引导。这样的举措取得了成效，原本经常晚点的 503 号航班逐渐提升了准点率。

至此，503 号航班的晚点问题大为改善，但航班情况可谓日日不同，同样以 503 号航班为例，到了 2016 年中期，其晚点的频率再次提高。经过调研，矢嵜发现了新情况：入境游客增多。由于早间到达的东南亚及澳大利亚等地的入境游客增多，他们中又有不少人要换乘日本国内航班，最终导致像 503 号航班这种早间航班就必须接纳更多的外国游客。

为了应对这种情况，矢嵜试着更改登机口。之前 503 号航班用的是 18 号登机口，其距离 F 安检区有 7 分钟的步行路程，很容易让不熟悉的乘客迷失方向，因此他改用距离 F 安检区较近的 15 号登机口，让乘客过安检后马上就能走到。虽然更换登机口需要与其他航班进行协调，但为了保障准点运营，他毅然决定进行尝试。

再以上午 6:20 飞往冲绳那霸的 901 号航班为例，它也是个经常晚点的"老大难"。矢嵜连续几天一早到达机场，从 5:30 开始仔细观察乘客的动向，结果发现了早间航班特有的乘客流动线和实际情况。

虽说羽田机场离东京市中心较近，但早起搭乘航班毕竟是件苦差事。901 号航班所属的航站楼南翼安检区在早上 5:15 就已开放，但乘客过检高峰却在接近 6 点的时候，因为多数乘客是乘京急线电车到机场的。电车一到机场地下的车站，大量乘客便涌出月台，走上自动扶梯，向着出发楼层移动。而 901 号航班的登机时间为 6:05 左右，所以每次都搞得急急忙忙。

不仅如此，乘客在过安检后，往往都不直接赶往登机口。901 号航班的飞行时长接近 3 小时，在日本国内航线中属于长距离，因此在登机前，不少乘客会顺道去机场内的店铺里买点吃的。这样一来乘客流动的效率低下，成为航班频频晚点的一大原因。

矢嵜想出的对策是换登机口，把901号航班的登机口换到靠近航站楼中央的登机口，这样距离店铺也近。结果乘客流动线的效率显著提高。对此，矢嵜回忆道："901号航班之前几乎天天晚点，但在换了登机口后，其每个月至少有10天准点了。"

◉ 设置排队隔离杆

前面也提到，同是羽田机场的早间航班，特点却各不相同。既有像飞往新千岁和那霸机场那种以游客为主的航班，也有以商务乘客为主的短线航班。后者的代表是伊丹航班，其连接日本两大城市圈，东京和大阪。这一航班登机口的拥挤问题一直存在，让工作人员非常头痛。按照JAL集团的航班规定，乘客登机的顺序依次为提前登机乘客，包括带有婴儿的乘客、高龄乘客和坐轮椅的乘客等；优先登机乘客，包括会员及头等舱乘客；后方座位普通乘客；前方座位普通乘客。

但前面提到，伊丹航班多为商务人士，有时一半以上的乘客都是优先登机乘客。其往返于东京和大阪，一早一晚，每当广播提醒优先登机乘客可以开始登机时，登机口总是挤成一团。更头痛的是，由于优先登机乘客太多，一些普通乘客误以为这是普通乘客的队伍，于是也往里面排，进一步增加了拥挤和混乱。

为此，从2016年6月起，矢嵜和同事们便开始在登机口设置排队隔离杆，把伊丹航班的优先登机乘客先后分为两批。第一批包括拥有高里程的钻石会员、绿宝石会员和头等舱乘客；第二批则是其他会员。并相应设置了纵向两列排队隔离杆，还在两列的前方分别设置了指示牌。这使得被分为前后两批的优先登机乘客和普通乘客各归其位，井然有序。

每次登机都要设置隔离杆，事后又要撤走它们，这的确比较费时费力，但颇有成效，几乎完全解决了之前拥挤和混乱的问题。对此，乘客也有积极反馈。矢嵜说："（采取该举措后），不少乘客表扬道'乘机比以前顺利多了'。"

◉ 提前15分钟做好"脑内拼图"

在JAL，为了实现准点运营，既有像矢嵜这样从宏观视角出发思考全局对策的员工，也有从微观视角出发关注每天航班情况的员工。比如，工作在值机柜台和登机口的一线员工便属于后者。为了保证准点，他们不仅要指引乘客，还要设身处地地为乘客着想。

"请注意，预定12点出发，飞往羽田机场的312号航班，马上就要起飞了。"在福冈机场负责乘客服务的JAL SKY九州公司员工田岛由佳里正在通知乘客。她是这一岗位的专业标兵，曾在2015年度的机场服务专业水平竞赛中获得冠军。

从羽田出发飞往伊丹的航班，登机口设置的排队隔离杆将优先登机乘客分为两批，从而解决了拥堵和混乱。

　　为了实现准点运营，像田岛这样的一线员工亦做出了很大努力，其中最值得一提的是起飞前15分钟内播报的乘客通知。按照JAL的规定，其国内航班通常提前15分钟开始登机，全体乘客估计提前7分钟全部通过登机口，接着相关工作人员做好起飞前的各项安全检查，然后移除飞机前轮的制动锁，最后牵引车将飞机与登机廊桥分离。但这只是理想状态，因为乘客并不一定会悉数提前登机。有时眼看起飞时间都要到了依然有个别乘客没有出现在登机口，有时还会发生意料之外的状况……对此，田岛说道："哪怕出现这样那样的状况，也要充分利用有限的时间，做好'脑内拼图'，从而确保准点。"

　　比如，倘若乘客没有及时出现在登机口，工作人员自然要去找，但并非毫无头绪地找。先要用登机口的电脑系统查询相应乘客的信息，包括年龄，性别，是否经常乘飞机，购票价格和渠道等。尤其是价格，它是推测乘客属性的有效信息，当天购买全价票的往往是商务人士，而提前购买打折票的则以游客居多。

　　掌握了乘客的属性后，找起来就有针对性了。

如果是经常乘飞机出差的商务人士，其往往在休息室或吸烟室逗留；如果是提前购买打折票的游客，其出现在纪念品商店的概率很高。此外，登机口附近的椅子则是经常会忽视的盲点。距离这么近，一般认为乘客肯定能听到广播提醒，但其实并非如此，田岛介绍道："有时乘客在登机口附近坐着坐着就睡着了，因此不能想当然地忽略登机口附近。"

要想迅速找到未及时登机的乘客，还需要许多窍门儿。如果等到还差1位乘客才开始四处寻找，不但浪费时间，即便找到，也已经晚点。因此，需要在大多数乘客陆续通过登机口时，便开始锁定还未登机的乘客，调出他们的相关信息。登机高峰往往在登机通知发布后立刻发生，等到第一拨"大部队"通过后，接下来就是零零散散的乘客了。工作人员要有效利用这种碎片化的空闲时间，做好应对和寻找未登机乘客的准备。

◉ 何时撤下行李取决于最后一刻的判断

在寻找未登机乘客的同时，还需要确认相关乘客的托运行李。为了杜绝恐怖袭击，保障航空安全，一旦发现有乘客托运完行李却未登机，航空公司规定，不管乘客有何理由，都必须无条件将其行李从飞机上撤下。即便乘客只是单纯的迟到，处理方式亦是如此。

要撤下行李，先要检索相关系统数据，确认乘客行李所在的机内货箱，然后将该货箱暂时从飞机上卸下，最后打开货箱，取出相关乘客托运的行李。这一系列作业相当费时，不要说 JAL 内定的准点标准了，就连日本国土交通省的标准都可能达不到。这就要求工作人员在处理相关情况时必须牢牢树立时间意识。但有时又有反复，比如开始撤行李后，乘客却匆匆跑到了登机口。为此，何时准备撤下行李，何时真正开始撤下行李，判断起来的确非常困难。

这时候，乘客属性变成了有效的判断凭据。对此，田岛解释道："如果是经常搭乘飞机的乘客，由于对时间的把握比较自信，他们往往会掐时间登机，但不会不出现，因此不用急着准备撤下行李；而如果是不太搭乘飞机的乘客，那么在登机时间过后，就必须提早开始寻找，并及时做好撤下行李的准备。"

而即便最后一名乘客通过了登机口，也并不算大功告成。工作人员还要用登机口的打印机打出乘客信息归总表，并走到左前方的"L1"入口，把它交给首席客舱服务员。一旦有乘客迟迟未登机，寻找往往要花不少时间，搞得准点和晚点简直就是一线之差，所以工作人员经常要争分夺秒，一路跑着去递交乘客信息归总表。

将归总表顺利递交完毕后，隔着登机口的玻璃窗，目送飞机被拖离登机廊桥，这时工作人员才能够松一口气。

但田岛和同事们的工作不止于此，为了确保准点航运，他们不但要在出发前的登机口努力应对，还要为抵达后的乘客们提供细致的服务，从而减少乘客迟迟找不到登机口等慌乱的情况发生。

◉ 灵活应对并巧用 IT 技术

一个平常的 6 月午后，田岛在值机柜台负责业务。她麻利地为从福冈前往各地的乘客办理值机手续和行李托运。其间，一对夫妇引起了她的注意，先生的一条腿似乎不太利索，一直在拖着走路。于是她对他们说道："二位可以享受优先登机，一会儿就可以登机了，所以请尽快前往安检区。有什么我能帮忙的地方吗？"

在购买机票时，乘客可以选择残障者折扣或关怀优先服务等项目，但即便有的乘客没有提前选好上述服务，值机柜台的工作人员也要采取人性化服务，让每位乘客都能顺利登机，这就需要敏锐的观察力和迅速的反应力。面对有困难的乘客，让他们优先登机，或者考虑到乘客上洗手间等所需的时间，引导他们及时到达安检区。通过这种细微的服务，防止乘客无法及时登机或在机场内迷路等情况的发生，从而为确保准点航运出一份力。

此外，巧用 IT 技术亦很重要。JAL 开发并推出了一款为乘客提供一站式服务的手机 App——"JAL 倒计时"（JAL Countdown）（关于该 App，在本书的第七章会有详述）。只要启动这一 App，航班号、出发时间、抵达时间、登机口号等信息都能一览无余。最有特色的是，它还会以倒计时的方式，显示离登机还有多少时间。而在通过安检区和登机口时，只要出示这款 App 一键生成的二维码即可顺利通过。

这款 App 的亮点正如其名，在于"倒计时"，它不像其他类似的 App 一样只显示出发时间，而是实时地向乘客告知所剩的时间，这让乘客便于安排，比如"还有时间去买个便当""时间不多了，赶紧去个卫生间"之类，使乘客做到心中有数。此外，倒计时的完结时间并非出发时间，而是比出发时间早10 分钟，这就避免了乘客因产生误解而迟到。因为不少乘客会把出发时间视为登机时间，这也是导致晚点的一个重要因素。

而羽田机场还推出了将"信标电波定位器"和智能手机联动的服务，从而能够有效引导乘客前往安检区和登机口，并实时显示各安检区的当前等待时间。对此，矢嵜感言道："这款 App 一旦普及，将为 JAL 的准点航运发挥巨大作用。因此我们在加大宣传力度，比如在安检区等场所张贴通知，推荐乘客下载使用。"

与 JAL 首次获得"世界第一准点到达率"的2009 年相比，如今的航运情况更为复杂。各家廉价航空公司不断增加航线，使全球各机场的起降航班持续增加，这使得航站楼、停机坪、诱导路、跑道的乘载负荷皆不断增大。此外，由于来日外国游客的增加，从国外航班换乘 JAL 国内航班的乘客也在增多。这导致国内航线的值机柜台和登机口的告示和服务也不能只用日语了。换言之，倘若还是按照之前的方式摁供服务，那自然是不充分的。

在这样的大环境下，如何维持将近 90% 的准点率，并进一步将其提升至 100% 呢？一蹴而就的"绝招"当然不可能有，唯一的方法只能是一步一个脚印地发现问题，各部门之间通力合作思考对策，并付诸实践，检测效果。以矢嵜和田岛为代表的"日航人"，既心怀"准点率世界第一"的自豪感，又不骄傲自满，而是不断努力，向着"实现 100% 准点率"的终极目标持续迈进。

第六章

随机应变的服务
无微不至的关怀

JAL 的中期经营计划包含 3 个目标。前两个是：对事故和重大失误零容忍；营业利润率达到 10%，产权比率达到 50%。而第三个则是顾客满意度达到第一位。3 个目标权重相同。在 2010 年破产后，企业不但形象受损，也没有条件立即引进新型乘客座椅，这也导致了顾客满意度下降。之后，随着 JAL 重建的逐渐展开，顾客满意度也同步恢复。服务业效率协会每年公布《日本版顾客满意度指数》（简称 JCSI），而在 2016 年的指数中，在航空公司的国际航线行业类别中，JAL 在两个评判指标中拔得头筹。

当然，提升顾客满意度绝非易事。可能有人会觉得，因为 JAL 在破产时的服务跌入低谷，所以重建后自然一路攀升，但事情并没有这么简单。在条件具备后，JAL

开始改善机内环境，调换了新的乘客座椅，但当时的植木社长指出："再好的飞机、再好的设备，终有一天会变旧而被淘汰。"基于此，JAL 最为重视的是人。换言之，力求提升机场工作人员和机舱乘务员的服务质量才是重中之重。

不只是机械地照搬手册和规定，而是想顾客所想，急顾客所急，不管是常客还是新客，都一样热情接待、灵活应对。本书的这一部分将深入介绍 JAL 的待客之道背后的故事和理念，包括不把飞机视为单纯的交通工具，在飞机餐上和其他航空公司"划清界限"等详细内容。

第一节　机场待客　追求极致

◉ 国内外的机场工作人员开展专业比武

"让您久等了，您要办理登机手续对吧，麻烦您出示客票凭证，您需要托运的行李就这一件是吧……"

在位于羽田机场检修维护区内的 JAL 研修部里，有一间模拟室，里面有一排排值机柜台，和真实机场里的一模一样。它平时用来训练机场工作人员，以此提高业务操作水平。每年都会有一段时间，里面挤了数百人，气氛紧张而热烈。那就是机场服务人员专业竞赛举办的日子。

在 JAL 集团，包括国内外航线，负责地面服务的机场工作人员总计超过 4500 人。2016 年度的竞赛，总共有 59 人参加，他们都是从各机场选拔出来的佼佼者。参加者齐聚羽田机场的模拟室，历经预赛和决赛，最终决出优胜者。

预赛时每6名选手1组，同时出场竞技，最终选出12人进入决赛；决赛时每人单独出场竞技，最终决出冠军。选手面对数百人的评判团，站在训练用的值机柜台前，向同人扮演的乘客提供服务。第一印象、鞠躬姿势、措辞用语自然必须完美；还要妥善确认托运行李是否超重，是否有危险品，并在听取顾客要求的前提下选定座位，流畅应对。当然，即便做到了这些，也只能算是通过了第一层考验。

接下来要考察的是员工解释和劝说的能力。比如同事扮演的怀孕的乘客，要求坐在紧急出口座位。但出于安全考虑，这样做是违背民航规定的。这时就要看员工如何解释说明并提出替代方案，而评委则会判定乘客最终是否接受和理解，并仔细观察选手的细节，包括举手投足的细小动作。

几乎所有的参赛者都已掌握上述的基本服务技能。真正能够拉开选手间距离的考察项目是如何应对没有标准答案的情况。比如，扮演乘客的 JAL 干部在办完登机手续后，有意无意地说了一句："我本想把积攒的里程数用来买特价机票的，可昨天查了

JAL每年举办"机场服务人员专业竞赛"。评委会考察参赛者为乘客办理登机手续及告知注意事项等各方面的服务质量。图为2016年度的竞赛活动现场

还有票，今天就卖完了。我的里程数月底可就到期了，这要怎么办啊?"

面对这种情况，理论上来说有多种应对方式:询问乘客希望的出行日，用手头的电脑系统查询空座;在JAL官网用里程数换购商品或电子钱包;用里程数订购机票+酒店套餐;订购单程的特价机票;仔细确认网站，看看还有没有剩余的特价机票……

但办理登机手续的时间很短，要详尽解释说明上述信息显然不现实。这就需要分析乘客的言语，

从中理解乘客的真实诉求，进而提出替代的解决方
案。假如手头有说明事项的小册子，就递给乘客，
让其在飞机上慢慢浏览。换言之，这一系列短时间
内完成的对答，正是评委的重点考察对象。

◉ 2015 年度冠军田岛的待客之道

在 2015 年度的专业竞赛中，最终获得优胜的是
在福冈机场负责乘客服务工作的田岛由佳里，她隶
属 JAL SKY 九州公司。她不但对当前的乘客无微不
至，还能照顾到在排队等候的其他乘客，及时发现
他们的需求，并送上温暖的话语。这让她获得了极
高的评价。下面就来看一下她独特的服务之道。

又是平常的一个工作日，上午 9 点刚过，田岛的
身影便出现在了福冈机场的值机柜台。早间高峰期
已过，但乘客流量依然不小。航站楼下面的地铁一
到站，乘客就纷纷搭乘自动扶梯，径直来到值机柜
台前。

一位穿着西装的男乘客走到田岛面前，他看起
来像是出差的上班族。田岛确认了乘客的购票信息
后，对他说道："您的航班的预计出发时间是 13 点，

航班号是314。现在更早出发的航班还有空座，请问您是否需要改签呢？"根据规定，假如当日有空座，持有正价票、往返打折票或多程套票的乘客都能改签至更早出发的航班。这位乘客既然提前3小时前来办理登机手续，很可能有改签的打算。这便是田岛推测的依据所在。果不其然，听了她的建议后，乘客立即答道："改签最早出发的好了。"

当时最早的是10点起飞的308号航班，不过已经没有空位。于是田岛提议道："我先帮您排着，一旦有人临时取消，我就帮您占位。目前姑且先为您改签至还有空位的310号航班。您看如何？"这种想乘客所想的提案，使乘客无须多强调要求，只要回答"是"或"否"即可。

接着出现的是一对夫妇，他们订了10点起飞的机票，但还未完成支付，所以来值机柜台办理相关手续。当问到希望坐在什么位置时，他们答道："连在一起的座位，最好方便进出。"经过进一步询问，了解到男士腿脚不方便，于是田岛立即打电话联系负责分配调整机内座位的同事，为他们争取到了第24排的两个相邻座位，一个靠过道。24排属于靠前的座位，从而缩短了他们从机舱门走到自己座位的距离。

这对夫妇还当场购买了回程票，在受理过程中，田岛又提议道："您选购的回程航班刚好还有两个相邻的J舱座位，且一个靠窗，一个靠过道，J舱比经济舱座位的腿部空间要宽敞，价格合计只贵2000日元。既不用担心影响前后乘客，又能舒展地欣赏窗外景色。"两人二话不说就下单了。既希望享受飞行旅途的乐趣，但碍于腿脚不便，又怕影响到其他乘客，面对这对夫妇的不安心境，田岛设身处地地为乘客思考两全之策，且在两人提出要求前提出周全的建议。结果自然是双赢，乘客享受到了升舱后的宽敞座位，而田岛自己又为集团创造了效益。

田岛对自己的服务质量要求可谓永无止境。乘客用信用卡支付时，她会无微不至地提醒乘客："我按照您提供的姓名作为发票抬头可以吗？您名字的罗马字发音里有字母D，对应的日语假名是づ没错吧。"而当她把机票等票据交给乘客时，总是不忘亲切地提醒道："我有不少东西要给您，咱们一件件来。您拿好，先是发票，接着是回程机票，然后是您马上要搭乘的航班机票。"

在2015年度的专业竞赛中胜出的JAL SKY九州公司的田岛由佳里

机票和各种票据外观类似，经常坐飞机出行的人另当别论，如果是不熟悉的人，往往会感到困惑，可能会在安检口或登机口掏出错的票据。因此，即便要花点时间，她也要为乘客仔细讲解，从而消除乘客潜在的麻烦。

◉ 刚入职便碰上破产危机

田岛是熊本县人，直到大学毕业，她都在家乡学习和生活。叔父是飞机检修技师，叔母是地勤服务人员，堂姐是客舱乘务员。可能由于这么多亲戚都投身于民航业，她潜意识中一直对这一行业心怀憧憬。在还是大学生时，由于兴趣使然，她向一些业内人士请教问题，结果感受到了他们身上那种闪耀且优秀的特质，于是坚定了投身民航事业的决心。

临近毕业，在经历了一系列求职活动后，她最终在 2009 年 4 月进入了 JAL SKY 九州公司。至于选择这家公司的理由，她的回答是，觉得这是一家对员工较为人性化的企业。刚入职时，她负责登机口和值机柜台的服务工作，接着先后被调到头等舱办理柜台和贵宾室。

自己进入了民航业，可谓梦想成真。作为新员工，为了熟悉业务，她一开始投入了大量的精力，日积月累，她渐渐掌握了业务流程和诀窍，压力和紧张也慢慢得以减缓。可就在她开始感受到服务乘客的快乐时，一个重大消息却从天而降：2010 年 1 月，JAL 宣布破产。

虽然 JAL 免于航班停运，照常持续运营，但当时周遭的态度和氛围可谓突变。在值机柜台或登机口服务乘客时，稍有不慎而拖沓，或未能完全满足需求，乘客便会讥讽："所以 JAL 才会不行的啊……"

田岛回忆道："甚至还有乘客故意叫来其他航空公司的服务人员，当着我们的面说'还好我没选JAL'。"作为刚踏入社会不久的毕业生，她虽然才工作了不到一年，却不得不面对这突如其来的严峻打击。要问她当时是否受到伤害，答案是肯定的，而且不止一次两次。

有一天，一名与她年龄相仿的飞行学员哭着回到福冈机场。原来，由于JAL破产，所有培养飞行员的训练计划都被中止了。对于学员们而言，梦想近在咫尺，却出于不可抗拒的客观原因突遭破灭。后来，训练计划于2013年重启，那些憧憬冲上云霄的少男少女得以继续他们的追梦旅程。但在当时，训练何时能重启，甚至有没有希望重启都是个未知数。

虽然被无可名状的绝望感包围，但大多数JAL的飞行学员并未离开JAL，而是选择了从事地面勤务等转职之路。那名在福冈机场哭泣的学员亦是如此，虽然工作内容变了，虽然并非自己的第一志愿，但依然在新的岗位上尽忠职守。目睹他们的精神面貌，田岛的心境也发生了变化。对此，她回忆道："受到

(那些飞行学员的) 影响，我开始调整对待工作的心态。"

在公司陷入困境的情况下，依然还有一些乘客支持 JAL。对田岛而言，这是最大的宽慰和支撑。她说道："在那样的气氛下，依然有乘客对 JAL 抱有希望，我觉得自己必须回报这份信任。"

◉ 从日航哲学中获得的感悟与欣喜

2011 年春，JAL 的经营状况有所缓和，而田岛也正好已经入职两年。此时，出现了新的转机，那就是制定了日航哲学。那年 1 月，日航哲学手册刚制定完毕，便分发到了 JAL SKY 九州公司全体员工的手中。JAL SKY 九州公司规定，员工们每天要选出其中的 1 条，一起朗读、思考和分享心得。此外，每年3 次的日航哲学培训也开始举办。

田岛感言道："日航哲学与日航的服务可谓不可分割。"她还说道："只要是力图将服务提升到极致的个人或团体，势必拥有自己的行动哲学。没有哲学的服务，是无法打动人心的。虽然不知道今后 JAL 集团会如何发展，但只要继续践行日航哲学，那未来肯定不会差。"

对于朗读学习和培训活动，田岛也有自己的见解，"它们让我回归了原点，提升了积极性。稻盛先生讲的都是重要的做人道理。每天早上和同事们一起朗读和学习日航哲学时，总是会找到与自己的服务工作相联系的启示。这样每天返璞归真，审视过去，不但能够发现许多问题和不足，还提升了自己的主观能动性。而每年 3 次的培训亦是如此，每次培训完，都觉得自己干劲儿十足，且还有进步的空间"。

在田岛看来，日航的破产，恰恰是她回归原点，提升业务水平的契机。对此，她说道："凡是经历过 JAL 破产的员工，都不得不站在原点上。但既然跌入谷底，之后唯有进步，唯有提高。刚入职后不久，我开始体会到了服务乘客的快乐，但只是漠然的感受；而在工作到第三年时，这份感受渐渐拥有了清晰的理念。为了让乘客便捷且愉快地出行，自己必须全身心提供服务和支持。而在此过程中，与乘客共同度过的时间和分享的体验，则让我无比欣喜。"

◉ 以前辈为榜样

除了与日航哲学的邂逅外，前辈的言传身教也给田岛带来了重大的启发。在 2013 年度的专业竞赛中，与田岛隶属同一团队的片山佳惠摘得了桂冠。之后，片山一边继续从事一线工作，一边担任教官，指导新员工提升服务质量。对此，田岛回忆道："目睹她的工作状态，我有醍醐灌顶之感，当时心想，作为机场服务人员，原来还有这样的职业道路和发展空间。"

片山的服务之道源于轻松对话。通过看似不经意的聊天，短时间内与乘客共享愉快的交流体验，拉近彼此的距离，从而提升乘客对服务的满意度。对此，田岛介绍道："我从中学到了不少东西。认识到了反复试错与改进的重要性，并明白了只有设身处地为乘客着想，才能培养积极性，才能打动人心。"

片山在 2013 年的专业竞赛中获胜。田岛一开始通过观看比赛录像学习经验，当时的她觉得自己绝对达不到这种水平；2014 年，为了给同一公司的前辈们打气，她前去观看了比赛，亲身感受到了现场的气氛；2015年，她自己也参赛了。福冈机场在日本属于比较大的，其服务乘客的工作人员共有300多名。要想在羽田机场的比赛会场与其他选手同台竞技，就必须先在福冈机场的预选赛中胜出。自不必说，当时的田岛是预选赛中的佼佼者，她与另一人一起作为福冈代表，前往羽田参赛。

"没想到有一天，自己将要站在那个竞技台上。"据她回忆，"当得知自己成为福冈代表时，的确感受到了不小的压力，但立刻调整好了心态。既然想不出如何在比赛中技惊四座，不如就以平常心对待，尽可能把平时工作中所强调的直达心灵的服务表现出来。"

于是，在比赛之前，她全身心投入练习。上班时接受片山等前辈选手的指导建议，下班后站在家里的厨房前反复演练，包括告知乘客注意事项和重要信息等。"告知乘客是门学问，并不是只要读完规定的文本就可以。片山前辈曾说，大声念出来的内容必须包含真心和热情。比如'感谢各位乘客一早光临'，说出这句话时，自己必须真的这么想。"

对她而言，反复的努力练习并不是苦差事，反而从中体会到了乐趣。她还说："这种练习让我进一步磨砺了接待乘客的服务水平，也进一步认识和审视了自己。而且，稻盛先生也说过，'要从工作中寻找乐趣'。"在前往东京参赛后，她在第一天的预赛中脱颖而出。第二天便是决赛。可就在那决赛前夜，她依然在下榻酒店的大厅里练习英语播报，直到深夜。

至于专业竞赛的内容，除了前面提及的办理值机手续，还会设定虚拟情景，让参赛者播报通知。田岛回忆道："面对这一环节，我实在没法不紧张。因为所有人都在盯着你。"但在一对一服务环节中，她的心态异常平静，"虽然面对的是 JAL 员工扮演的乘客，但在我眼中，与我平时面对的乘客并无区别"。

从 JAL 破产的谷底中汲取经验，回到日航哲学的原点上的姿态，以及前辈所传授的与乘客心灵相通的服务之道。这一切的一切，都成了田岛身上的专业特质和精神财富。回想起两年前，她在观看前辈的参赛录像时，觉得自己不可能做到；再看如今，她已然成为一名优秀的员工。其中的成长，可谓巨大。

◉ 小小卡片连接起乘客

在田岛看来，全心全意是 JAL 独有的服务之道。有一件事情尤其令她难忘，那是 2014 年 5 月，JAL 的国内航线刚刚启动名为 JAL SKY NEXT 的新机型引进计划。新机型首航日，她正好在值机柜台工作。有一名乘客笑着告诉她，自己对该新机型期待已久。查询电脑系统后，她发现这位乘客早在一个多月前便订了机票。当时的 JAL 刚从破产中恢复不久，就得到了乘客的如此厚爱。

这让她甚为感动，但当时在值机柜台排队的乘客很多，她无法对其进一步道谢。于是等到值机办理告一段落后，她抽空在 JAL 特有的感谢卡上写下了自己的谢意，并拜托空乘人员在机内转交给那位乘客。

而接到卡片的空乘人员也被乘客的这份热情打动，于是也现写了一张卡片，和田岛那张一起交给了那位乘客。收到两张感谢卡片的乘客很意外，于是也在飞机上写下回复："收到感谢卡，我十分感动，服务人员的团队精神，也让我很感动。"

直达乘客心灵的服务，通过日航哲学中名为"最佳交接"的条目，产生了放大的效果，并进一步增强了 JAL 与乘客之间的联系。上述写感谢卡的服务虽然不能覆盖每位乘客，但收获感动的乘客，日后势必会继续乘坐 JAL 的航班。

迄今为止，田岛一直从事机场服务工作，但她今后也打算挑战其他岗位的工作。她说道："从入职到现在，我一直在用服务向外界传达 JAL 的美好之处。但 JAL 的业务不仅限于福冈机场，总公司的教育、宣传等部门众多。不管在什么岗位，不管在哪个部门，我都会做好准备，和新的前辈、新员工以及其他合作方一起，尝试迎接各种挑战，让更多的人体会到 JAL 的美好之处。"

2016 年的专业竞赛中，田岛不再是参赛者，而是以教官的身份出席，充当各机场的代表参赛者的引路人。像她这样精通业务且服务一流的优秀员工，不断把掌握服务之道的重要性传达给新员工和其他各部门，这成为 JAL 无法用数字衡量的软实力。被植木社长视为 JAL 最大财富的员工们的力量，正在以这样的方式不断增强。

第二节　不给答案的舱内服务训练

◉ *严格训练*

"抱歉让您久等。这里有煎梭子鱼肉和扇贝肉，您是否要配上一杯葡萄酒？"十几名新入职的机舱乘务员，有的在左右通道发餐，有的在机内厨房配食，为的是把一份份机内餐食送到乘客手中。这似乎就是民航客机中日常的一幕，但实际上并非如此。

上述场景并非发生在1万米的高空，而是在羽田机场检修区内一栋大楼的一个房间里。室内装修和布局再现了波音777的商务舱的景象。而上述乘务员则在以角色扮演的形式磨炼服务技能。自不必说，所谓的机内餐食只是塑料模型，饮品也只是白水而已。

这些新员工要在国内航班上锻炼1年到1年半，然后通过为时1个月的训练，才能获得在国际航班上工作的资格。在训练现场，客舱培训训练部的教官坐在距离她们两三个座位的地方，仔细观察她们的一举一动。乘务员的微笑服务，教官的严格审视，两种原本格格不入的气氛同时混杂在同一空间中，实在有点奇妙。

客舱乘务员被人们称为空姐，也是不少人所憧憬的体面工作，但这项工作对安全和服务都有着颇高的要求，因此新员工必须一步一个脚印，刻苦地接受严格的训练，而这是乘客看不到的一面。刚入职后，先要接受大约两个月的初期训练，全面了解和习得理论知识和实用技能。通过考核后，才有资格佩戴训练生的徽章，在国内航班上接受在职训练，真正了解现场情况并掌握业务内容。

这样持续 1 年到 1 年半的时间后，她们会暂时调离工作岗位，接受大约为时 1 个月的过渡训练，为的是在国际航班上工作。与国内航班相比，诸如飞机内的餐食和免税商品的销售等，都要复杂得多。虽然已经有了 1 年多的工作经验，但对她们而言，依然是充满挑战的新开始。与之前的训练类似，光完成课程是不够的，只有实际技能达标，才能获得飞国

客舱乘务员的训练现场。在模拟机内环境的房间里，在教官的监督下，新员工以角色扮演的形式训练业务技能

际航班的资格。

在国际航线飞 1 到 1 年半后，接下来等待她们的是头等舱的服务训练。除此之外，各乘务员所属的团队还会每月举办讨论会等。换言之，培训会一直继续，且内容丰富。

在成为独当一面的"达人"前，新员工必须接受诸多的训练和培训，这并不仅限于民航业，许多服务行业皆是如此。但 JAL 与众不同的地方在于，其采取独特的教育方式。

● 换作是你会怎么做?

"如果这样发餐, 会出现什么问题?""如果换作是你, 会怎样把食物送到乘客手中呢?"……教官提出的这些问题, 都是无法简单地以"是"或"否"作答的。对于新员工们思考后得出的答案, 教官也不会立即做出"对"或"错"的评判。

这当然不是因为教官刻薄刁难, 而是 JAL 的理念所在: 不简单给予答案, 让新员工独立思考。至于为何采取该方针, 其理由有二。

理由一, 让新员工们设身处地地思考乘客的心境, 从而培养她们想乘客所想的服务之道, 并促使她们养成自省自律的习惯。"假如自己是乘客, 面对这样的服务, 会作何感想? 会希望获得怎样的回应? 乘务员的说明是否清晰? 自己是否体验到了高质量的服务?"……以这样的自省自问为出发点, 思考如何才能将其实现, 审视自己目前的做法有哪些不足之处……换言之, 以自觉的方式, 实施 PDCA (PDCA 是 Plan - Do - Check - Act 的简称, 也被称为"循环式品质管理")。这也印证了日航哲学中的一项条目：思考到"看见结果"为止。

理由二则更为简单明了。乘客也好，航班也好，可谓千差万别，假如只掌握单一、刻板的流程，在实际服务过程中，符合流程的情况反而是少数。换言之，服务需要灵活机动，没有简单的答案可循。

负责训练客舱乘务员的教官大约有20人，其中有一人叫饭田晶子。她是乘务长，隶属客舱总部下面的服务培训小组。她介绍道："我们会教新员工如何与乘客顺畅交流。通过设定虚拟场景，让她们练习与乘客交谈的技巧。在JAL破产前，集团侧重于知识内容的灌输，会直接告诉新员工所谓正确答案。比如'面对这样的乘客，应该这样说话'之类。但如今则不同，现在的新培训课程强调的是提出问题、鼓励思考，比如问新员工'假如你是乘客，会怎么看''你觉得乘客是怎样的心情'……"

面对这样的训练，有的新员工难免心生疑问："我虽然这样认为，但这真是正确答案吗？"按照饭田的说法，在接受这样的训练时，有的新员工会颇有成就感，有的却觉得心里没底。经常有新员工问道："那么正确答案到底是什么呢？"有的新员工还会百感交集，以至于哭出声来。但在她看来，这些都是正常的反应和必要的过程。她感言道："即便心里没底、烦恼纠结，也要坚持独立思考、认真思考，只要是自己认为正确的事，尽可大胆地在实际工作中进行验证。"

◉ 以破产为契机大刀阔斧修订课程

JAL 之所以会改革客舱乘务员的培训方式，源于稻盛先生在 2010 年时的讲话。当时 JAL 刚刚申请破产保护，临危受命来担任会长的他，对在座的管理层坦言道："我想在 JAL 推广一种哲学、一种思维方式。"于是，日航着手制定日航哲学，接下来则是让员工们接受、理解和铭记在心。为了促使公司干部和员工转变意识，时任会长的稻盛先生反复强调，必须独立思考。

受稻盛先生的教导，客舱总部也决定活学活用，一改以往保守、重复的知识灌输，换以激励独立思考和提倡自主行动的培训方式。即以"心灵教育"为基点，予以全新的训练课程。对此，客舱总部服务培训小组组长中村文子感言道："破产给了我们除

角色扮演训练结束后，每名学员回顾和审视自己刚才的做法

旧立新的机会，也让我们从固有的陈旧理念中解脱了出来。"

伴随着培训方针的革新，相应的课程也都经过全面修订。教官们浏览了客服中心提供的乘客的各种意见、期望和投诉，从中摘录与客舱服务相关的案例，然后仔细研读，从而精选出对新员工有参考价值的内容，并像开头提到的那样，在虚拟的客舱内进行演练。就算在理论知识的学习过程中，教官们也会列举各种状况，并问新员工"你们怎么看"，从而鼓励她们独立思考，并组织小组讨论。这种做法与商学院相仿，即通过提供和说明案例，让学员们从中习得知识和技能。

在修订过程中，有的教官提出了建设性的意见，"为了不让我们这些教官制定的课程内容沦为自我满足的作品，我们必须尽量听取乘客的心声，再将其融入课程中，而且要不断改进和更新"，以心灵教育为培训方针，进而相应地修订课程。要知道，教官们还都承担着自己本职岗位的工作，而这份艰巨的任务，只能利用他们额外的时间和精力，彼此合作、分担完成。有的教官感言道："由于是全面修订，因此大家都非常辛苦，但一想到能够将刻板的课程转变为直达心灵的精神财富，就觉得非常开心。"

当然，即便是全新课程，也有必须死记硬背的内容，教材也依然存在，但整个培训的中心思想的确有了根本性的转变。对此，饭田介绍道："（课程修订后），对于要记住的条条框框，我们会尽量让新员工提前自学。而在培训时，我们会尽量让她们接受无法自学的训练。为的是打破灌输知识的旧模式，追求更有效的培训手段。"

◎ 日本料理？"永不说 No"的意识

上述不给答案的训练方式，逐渐在实际的服务中发挥出了作用。一般来说，在日本各航空公司的国际航班，商务舱往往会向乘客提供多种餐饮选择，譬如日本料理和西餐等，JAL 在官网还提供提前预约机内餐食的服务。但许多乘客或不知道这项服务，或忘记注册并预订，导致在飞机上现选的乘客较多。由于大部分乘客是日本人，部分餐食供不应求，例如一些想选日本料理的乘客就只能吃西餐了。

这种情况下，按照 JAL 原来的服务标准手册，乘务员应该这样作答："十分抱歉，由于想要日本料理的乘客很多，真的不好意思……"然后提供西餐。假如是长距离航班，那么作为补偿，在第二餐时优先让这些未能如愿的乘客选择。但在革新培训课程后，有的乘务员会在提供西餐的同时，添上米饭、味噌汤和酱菜。讲解如何分发机内餐食的服务手册中当然没有这样的内容，但对乘客而言，这的确是好事。有的乘客还特意表扬道："虽然没吃到日本料理套餐，但乘务员能够贴心地提供替代方案，这让我非常开心。"

对此，中村表示："飞机体积有限，能够提供的食物也有限。有时候，我们不得不拒绝乘客的要求，乘客有时会发火。即便如此，我们也依然坚持"永不说No"的理念，尽量想乘客所想，急乘客所急。随着不断的锻炼和进步，大家逐渐养成了这样的习惯。"

此外，不给答案的训练方式还催生了不少附加效果。其中之一便是促进了乘务员彼此之间的交流，大家不再独自钻牛角尖，而是交换心得并积极讨论，从而得出更好的答案。再比如前面提到的角色扮演训练，以前都是让新员工严格遵循教官的指示，但如今不同，有时会让新员工自己扮演乘客、接受服务。这种"跳出自我、审视自我"的训练方式，从前是很少有的。

而在改革后，通过亲自扮演乘客，新员工开始意识到何为优秀的服务方式，这种积极的转变，在共同接受训练的新员工之间逐渐传播和普及。这促使新员工主动练习、互帮互助，就连她们在培训完成能够正式实习后，各小组还会每月召开研讨会，

担任客舱乘务员教官的饭田晶子乘务长，隶属客舱总部下面的服务培训小组

共同学习实例，分享心得。比如"我们的小组在这方面下功夫""提出这种要求的乘客在不断增多"……

对教官而言，如果新员工能够在实习过程中分享失败经历和总结经验教训，则是最令人欣慰的。对此，中村感言道："不想失败是人类正常的心理，作为乘务员，自然也希望事事正确、驾轻就熟，但在成长过程中，从失败中汲取的经验往往最为宝贵。为此，JAL全面推进允许失败的新文化，其包括个体

失败是集体成功的基石，要感谢分享失败经验的同
人等。"

　　人是复杂的动物，在人与人接触的过程中，百
分百地完美应对近乎不可能，有时总难免让乘客感
到失望。但通过与其他乘务员分享这种失败案例，
就能有效防止同样的错误再次出现。此外，就像前
面提到的，随机应变的服务创意也是相互交流的重
要内容之一。通过这种不给答案的训练方式，日积
月累，在面对没有答案可参考的特殊状况时，整个
乘务员队伍便能做到胸有成竹。

第三节　勇于挑战　全新机内餐

◉ 让机内餐变得不像机内餐

"啊？飞机上居然提供蘸面""没想到能在空中吃到吉野家的牛肉饭""机内餐里有资生堂旗下的精美点心，太赞了"……在 JAL 的长距离国际航班上，乘客消磨时间的方式自然多样，有的看电影，有的读杂志，有的假寐休憩。但只要一到分发机内餐的时间，所有的乘客都会先睁大双眼，然后露出笑容，并发出本段开头那样的感叹。这些机内餐属于"AIR 系列产品"，是 JAL 与各知名商家共同研发的成果，也是 JAL 服务之道中不可不提的一环。

"AIR 系列"从 2011 年开始提供，一下子就博得了乘客的好评。历时 5 年，至今依然在继续，其间累计推出了超过 20 种特制机内餐，给予乘客舌尖上的快感。其中有几样可圈可点：飞往夏威夷航班上的西餐，其由资生堂旗下西点品牌"Parlour"监制；JAL头等舱和商务舱内的豪华机内餐，由9位知名餐饮店的大厨监制，且菜单不断更换，每3个月轮一次。对此，负责机内餐企划工作的田中诚二颇为自豪，他隶属JAL商品·服务企划总部旗下研发部的客舱服务小组，并担任组长。他介绍道："没有其他航空公司像我们这样，如此频繁且大规模地与知名商家合作推出特制机内餐。"

这是破产后的改革举措，在之前，对待机内餐，JAL一直采用自给自足的方式，几乎完全不与集团之外的企业或名厨合作。而在2010年秋，JAL挺过危机，逐渐稳定，机内餐的改革便与其他各方面的改革一起，成为其浴火重生的第一步。

当时整个集团力图破除旧疾、革新服务。在大西贤社长"提供感动，勇于挑战"的口号下，全体员工迅速做出实际行动。其中的一环，便是改良机内餐。

但并不是说之前的机内餐品质就差，它们也是在严格的品控下，由集团旗下的机内餐生产公司JAL ROYAL CATERING（简称JRC）精心研制，并由公司特聘的厨师制作的。它们可谓是集团内智慧的结晶，也是相关负责人的骄傲。即便如此，其产品依然缺乏个性和亮点。引用田中组长的说法："不过不失，就是典型的机内餐。"对乘客而言，不会失望，味道也可以，但还是那句话，"缺乏惊喜"。

于是，为了改革，田中的团队亟须解决一个听起来像谜语和绕口令的难题：如何把机内餐做得不像机内餐。田中回忆道："我们对之前的机内餐也有一定的自豪感，但看到大街小巷那些美味的餐厅，我就想，如何能与其开展合作，又会擦出怎样的火花呢？"

◉ 与摩斯食品的社长直接谈判

主意已定，于是田中组长及研发部的员工便抓紧整理出了潜在合作伙伴列表，然后登门拜访各家企业，与相关负责人接洽。其中也包括日本汉堡餐饮连锁巨头——"摩斯汉堡包"，其由摩斯食品公司掌管。

"想把我们的汉堡包引入贵公司的飞机上？这个，好像有点难啊……"在首次接洽时，摩斯食品的相关负责人似乎并不看好这个创意，合作也暂时没了下文。但田中并未放弃，因为他相信，要想摆脱传统的机内餐，进行大胆改革，就应该拥有最好的合作伙伴。

不久后，他得知摩斯食品的樱田厚社长（现任会长）要来 JAL 总部访问和会谈。虽然其来访的目的与机内餐毫不相干，但他依然抱着试试看的心态，努力争取到了出席会谈的机会，并直接对樱田社长展开攻势，他说道："其实我们一直在研究，希望能够在我们的国际航班上提供贵公司的汉堡包，但贵公司的相关负责人拒绝了我们的提议。您能给我们一个机会吗？"

对此，樱田社长回应道："明白了，那就让这个项目启动吧。不过……"他接着强调："如果我尝过后觉得不可口，哪怕项目进展大半，我也会终止它。没问题吧？"换言之，田中的软磨硬泡奏了效，两家公司开始了共同研发。

事情既然定了下来，摩斯食品的相关负责人也变得干劲儿十足："既然要做，就做不一样的。比如店里没有的豪华汉堡包，怎么样？"对此，田中组长等 JAL 方面的相关负责人十分欢迎。经过讨论，双方决定研发正宗美式汉堡包，以大分量牛肉馅儿为原料。大家试制了好几种版本，并反复试吃。

但随着研发的推进，田中心里难以名状的疑虑也日渐扩大："（豪华汉堡包）味道是不错，但我们选择与摩斯食品合作的初衷是什么？"过于执着口味，结果制作出的汉堡包与连锁店内的摩斯汉堡包大相径庭，完全丧失了摩斯汉堡包的风格。这等于偏离了"通过协力合作，给予乘客感动"的最初的目标，又走上了破产前的老路。

"我希望咱们能改变研发方向。"经过思索和反省后，田中对摩斯的相关负责人如此说道，并将研发推倒重来。新的方针是以店里的摩斯汉堡包为参照基准，并结合机舱内这一特殊的场景，从而兼具传承性和原创性，最终为乘客带来惊喜与感动，以实现初衷。

◉ 切洋葱：毫厘之间的争论

但凡事说来容易做来难，要实现"与摩斯汉堡包店卖的汉堡包一模一样"，等于要将摩斯的品质标准一并导入。以蔬菜为例，为了保证食品安全，摩斯原则上只采购与其签约的"认证农户"提供的蔬菜，这样的农户在日本全国约有 3000 家。这些农户必须采用健康环保的栽培种植方式，包括少用农药和化肥等。

向 JAL 国际航班一年平均要服务 1000 万名乘客，即便"AIR 系列"只向长距离航班乘客提供，且只作为第二餐，其所需数量依然非同小可。据田中介绍，"平均每个月就需要 6 万到 7 万份汉堡包"。这不是随便要求摩斯公司分一点蔬菜就能解决的。最终，在 JAL 的调整和摩斯的周转下，以"只供应 3 个月"的"限期菜单"方式，并在不妥协摩斯汉堡包品质标准的前提下，确保了 2011 年 6 月至 8 月所需的蔬菜。

摩斯的标准还涉及蔬菜的切法。洋葱是摩斯汉堡包不可或缺的，且必须切成细小的碎末。但机舱空间有限，乘客在享用汉堡包时，一些碎末可能会掉落，不但可能弄脏乘客的手和衣服，也增加了乘务员打扫的负担。

摩斯食品的品控负责人认为，既然要冠以摩斯汉堡包之名，就必须尽量忠实再现店里的做法。JAL 的相关负责人问道："洋葱不切成末，切成丝可以吗?"而摩斯的品控负责人则答道:"这样就不是摩斯汉堡包了。这一点恕难让步。"仅仅就如何切洋葱的细节,就有这样来来往往的争论。

换言之,洋葱末是摩斯汉堡包不可或缺的特质之一。JAL方面出于尊重,决定接受这一要求。但为了减少掉落的概率,JAL提出了调整碎末体积的要求。对此,田中介绍道:"(当时)为了尽量让洋葱末大一点,我们向摩斯方面努力交涉,交涉的单位是毫米,最后对方总算答应让碎末大一点点。"顺便提一下最初那个"切成丝"的提案,虽然当时被否定,但在2016年夏季推出的"AIR摩斯蔬菜汉堡包套餐"中,这点建议得到采纳。

◉ 逆向思维:让客人自己动手

最大的课题是烹饪设备。在摩斯汉堡包店里,店员先烤好肉饼,备好蔬菜,然后用两片由面包或米饭制成的汉堡包胚,将它们夹起来,最后送到顾客手中。但机舱内无法使用明火,也没有铁板和烤架,唯一的加热设备是电烤箱,所以肉和鱼会事先装在独立的碟子里,在发餐前放入电烤箱加热,然后放入餐盘的预留位置。

假如是只向头等舱或商务舱提供的机内餐，由于乘客人数有限，乘务员或许还可以先加热肉饼和汉堡包胚，然后一个个夹好完工。但"AIR 系列"是面向经济舱乘客的企划，根据航班和机型的不同，乘客最多时可达 200 人以上。要一个个操作，显然不太现实。但如果在半成品阶段就把蔬菜夹里面，加热后会让蔬菜丧失那种充满水分的清脆口感，而且蔬菜的水分还会渗透至汉堡包胚，使汉堡包胚吃起来又湿又黏。

汉堡包现做现吃，又不增加乘务员的工作量，是否能够两全其美呢？难道只能放弃蔬菜的爽脆感，让加工工厂事先全部夹好吗？如此烦恼的田中，有一天偶然走进一家摩斯汉堡包店，看到有个小食客在好奇地翻动汉堡包胚和肉饼。

这让田中灵光一现：假如让乘客自己夹的话，不就能保证蔬菜的爽脆感了！于是他立刻找摩斯方面的负责人商量，结果对方也表示赞成。就这样，汉堡包胚和肉饼在机舱厨房内加热，蔬菜则独立包装，让乘客自己夹。

负责生产JAL机内餐的子公司JAL ROYAL CATERING的工厂内部一景。
采购大块的牛肉（上图），然后根据不同用途，切成牛排（下图）或其
他形状。

一般来说，机内餐应该是成品，最多让乘客自己放调料或蘸酱而已，摩斯汉堡包店里也从不让顾客自己夹。从这样的常理来看，让顾客自己动手可谓是非常奇怪的。但田中认为这是个好创意，他说道："既保证了汉堡包的口感，又让久坐不动的乘客做做有趣的'手工劳动'。这款餐食可谓奠定了'AIR 系列'的特质。"

虽然过程迂回曲折，但"AIR 系列"的第一个产品"AIR 摩斯"总算成功上线，并在 2011 年 6 月至 8 月向乘客提供，其反响超出了田中的期待。之后，JAL 再也不用登门寻找合作伙伴，各餐饮企业纷纷主动前来，要求将自家的产品用在"AIR 系列"中。对此，田中感叹道："AIR 还在企划阶段时，JAL 才刚摆脱破产阴影，但摩斯食品的社长爽快地答应了我们的合作请求。这是"AIR 系列"得以开花结果的契机。至今回想起来，我依然心存感激。"

● 飞机上供应拉面靠的是多重努力

上面提到，为了摆脱传统机内餐的古板印象，田中组长和其他企划部的员工努力摸索，终于推出了"AIR 系列"的第一个产品"AIR 摩斯"。这一成功让他们获得了经验和信心，也催生了他们挑战全新机内餐的动力。一些原本被认为是"机内餐大忌"的课题纷纷被他们攻克，让乘客享用到了之前根本无法想象的机舱内的美食。

2015年12月至2016年2月向乘客供应的"AIR 系列"，是 JAL 与东京池袋的蘸面老店共同研发的产品，名为"AIR 大胜轩"。在经济舱提供面类机内餐，而且还不是方便面，而是正宗拉面，这是极为稀罕的。松下美雪是这一项目的参与者之一，她既是乘务长，同时也隶属田中组长所在的客舱服务小组。她介绍道："让拉面成为机内餐，是小组内一个许久未能实现的点子，它早在我入职前就有了。"

拉面不但热，而且还有大量汤汁，JAL 虽然在商务舱向乘客供应过，但要想向人数众多的经济舱乘客提供，就要面临许多课题，包括放置、加热、分发、处理剩余汤汁等。综合这些现实因素，团队最终决定以蘸面作为突破口，毕竟它只有一点点汤汁。

机内餐在送到机舱之前，原则上必须冷冻保存，

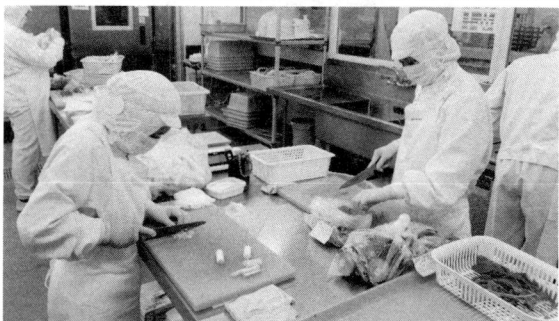

用镊子一根根挑去鲑鱼的骨头（上图）。把制作沙拉的蔬菜切成丝
（中图）。用大锅炖蔬菜（下图）。加工厂内针对肉、鱼、蔬菜等
不同的食材和炖、炒等不同的烹饪法，采取各自分工、责任到位的
作业方式，并坚持全程手工处理，以实现菜单食谱的多样化。

美味的 AIR 摩斯蔬菜汉堡包制作方法　　How to assemble your tasty "AIR Mos Salad Burger"

为了不让酱汁等内容物洒出来，请隔着袋子按步骤制作，并且拿着袋子享用
The sauce and ingredients may fall out easily. Please use the paper bag to assemble and eat the burger.

与 AIR 摩斯蔬菜汉堡包一起发给乘客的"制作说明书"让乘客品尝到新鲜的蔬菜的同时，也让乘客体会了动手的乐趣，可谓一举两得（照片为 2016 年的"AIR 摩斯蔬菜"汉堡包）

但这样会让面条变得很硬。经过研究，小组想出了一个办法，就是将汤汁和面条都放到机舱厨房的蒸汽烤箱内加热，总算解决了这一课题。此外，在制作半成品阶段，通过在面条表面抹以少量食用油，解决了面条粘住结块的问题，但油的用量极为讲究。对此，松下介绍道："油多了，乘客吃起来就会一嘴油味。为了让乘客既能吃到一根根筋道的面条，又保证蘸面的品质，大胜轩一次又一次地调整，最后

总算做到了二者兼顾。"

此外，这一产品在研发过程中，也考虑到了乘务员。假如面和汤汁各自装盛，就要递给每位乘客两个容器，等于增加了乘务员的工作量。于是小组采用一种纸质的特殊容器，其上下两层，类似于日本传统的便当套盒，上层放面，下层放汤。这样一来，便能在不增加乘务员作业量的前提下，把"AIR大胜轩蘸面"递到每一位乘客的手中。

后来的"AIR肉包"，通过用大块肉馅儿的方式，杜绝了肉汁溅出弄脏乘客衣服和座椅的情况；而在研发"AIR吉野家牛肉饭"时，为了替代生鸡蛋，小组研发出了鲜汁酱油和蛋液混合膏体的替代方案，并将其放入装沙拉酱的袋子里。可见，每一个AIR产品，都是JAL人努力和智慧的结晶。

◎ 刺身和生鸡蛋协同合作

JAL的特色机内餐不仅限于"AIR系列"。在头等舱及商务舱提供的机内餐是其与各知名餐饮店的星级主厨共同合作的成果：主厨负责监制，JRC负责生产。换言之，前者输出创意，后者努力付诸实践，可谓完美组合。

大街小巷的店内稀松平常，但机舱内却行不通的典型食材要数刺身和生鸡蛋了。万一在飞机上发生食物中毒事故，其影响之大，与平常的饭店不可同日而语。深陷破产危机，面对这种课题，JAL的方针是没有必要冒险。但今非昔比，在与星级主厨共同研发日本料理机内餐的过程中，有人提出，"能否在机舱内提供刺身和生鸡蛋"。JAL方面接受了这项提案，于是和各日料店店主一起群策群力，试图找到最为安全和卫生的食材处理方法。

在一系列的试错后，终于找到了对策。对此，田中介绍道："我们发现，通过采用诸如用开水焯或用海带包的杀菌方法，能够有效抑制细菌繁殖。"试制的样品通过了菌群检查，于是JAL终于能在高空向乘客提供刺身了。

至于生鸡蛋的课题，第一步是采购无沙门氏菌的鸡蛋，但这样的鸡蛋还是无法直接给乘客生吃，所以第二步是将鸡蛋加热至温泉鸡蛋那样的半熟程度，然后再提供给乘客。至此，生鸡蛋的课题也破解了。对此，田中介绍道："生鸡蛋课题的突破带来了许多衍生效果。比如，我们竟然能在飞机上提供鸡素烧了。"

不仅是日本料理，西餐亦是如此。通过持续向星级主厨学习，JRC 一直在不断改进。以作为主菜的肉类为例，之前的处理方式是在加工厂用铁板烤全半熟，然后在机内配餐前，让乘务员用烤箱再次加热。问题是，这样会让肉质变硬。

而在邀请星级主厨负责监制后，JRC 学到了一招：将肉浸在油中，用低油温慢煮数十分钟。这种

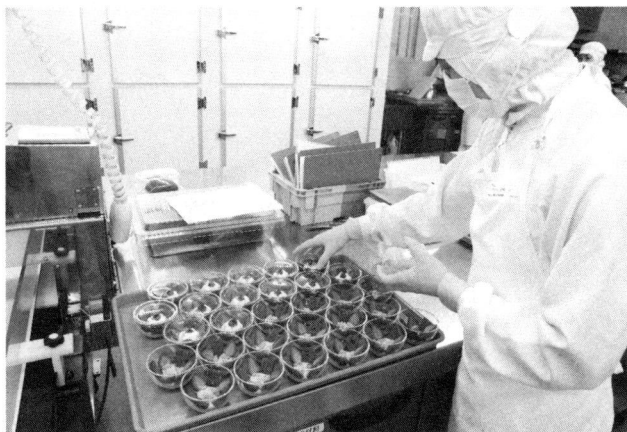

把装好甜点的容器盖上盖子。这项作业既要求仔细，以保证甜点不变形，又要求在规定时间内完成，以防止细菌繁殖。此外，包括甜点在内的所有机内餐，一旦生产完毕，在送至机舱前，都必须冷冻保存。

烹饪方式源自法国，名为"Confit"，适用于各种肉类。对此，田中介绍道："由于（肉）被油包裹，肉汁等于有了封层，这让乘客吃到了外焦里嫩的绝佳口感。对饭店而言，这种方法是常识，但我们先前对此一无所知。"

◉ 最终目标是打造"JAL 机内餐"品牌

随着"AIR 系列"的不断推出和人气积累，这场以破产为契机的 JAL 机内餐改革，算是显现出了

负责机内餐企划工作的商品与服务企划总部旗下研发部的客舱服务小组成员从左至右依次为高级乘务长池田里纱、组长田中诚二、乘务长松下美雪。

一定的成果。据田中介绍："在破产前，乘客问卷调查里大多是不满和斥责；而如今，我们听到了越来越多的赞美声。"比如，有位女乘客先前从未吃过吉野家的牛肉饭，但在品尝过 JAL 的"AIR 吉野家"后，也开始光顾吉野家的门店了。换言之，"AIR 系列"不仅为 JAL 带来名声和效益，也惠及广大的合作企业。

但上述成绩并不能让 JAL 的机内餐在业内一劳永逸地保持优势。受"AIR 系列"成功的启发，整个民航业界都开始重视机内餐的价值。而廉价航空公司更是大胆地取消绑定机内餐的传统做法，换以点单的方式，乘客可以选择是否用餐，菜单也有多种可选；一些大牌航空公司也开始在商务舱提供与知名餐饮店合作的机内餐；提供"机内餐预选服务"的竞争对手也不断增加，乘客能够在浏览各航空公司官网时查看菜单，对比斟酌之后再订机票。

在这样的大环境下，为 JAL 带来新形象的"AIR 系列"，下一步的目标是什么呢？对于该问题，田中的回答令人吃惊："现在我们能为经济舱乘客带来独特的美食体验，但不能就此止步。接下来要进一步提升品质，让我们的机内餐本身成为一个品牌，在乘客的心中获得值得信赖的位置。"不把目光局限于民航业，而是高瞻远瞩树立远大目标。这样的 JAL，未来能获得怎样的新突破呢？让我们拭目以待。

第七章

IOT、VR
利用尖端技术实现未来蓝图

"现场力"是 JAL 浴火重生的原动力。为了将其强化，JAL 以 IT（信息技术）为工具，进一步推进业务改革。从智能手机、平板电脑等日益普及的电子产品，到传感器、VR 等前沿领域的数码设备，JAL 孜孜不倦地追求，灵活利用各种信息技术，致力于改革各个工作场景和业务领域。

◉ 平板电脑成为客舱乘务员的得力助手

在羽田机场 JAL 客舱总部的会议室，6 名乘务员正在为当日的勤务航班做准备，彼此交换意见和信息。短会结束后，随着一句"让我们舒展身体吧"，乘务员们便按照 iPad mini 里面的示范视频，一起做起了体操。乘务工作是个体力活儿，在飞机上四处走动不停地处理情况，因此出发前的准备运动必不可少，而 iPad 则提供了便利。

从 2014 年 2 月起，JAL 开始购入 iPad mini。如今算上国内航班和国际航班，总共有大约 5000 名客舱乘务员在使用这一设备。提供给国内航班乘务员的是支持 LTE 的 SIM 卡型号，以便她们能在家中和上下班的路上使用；提供给国际航班乘务员的是仅支持 Wi-Fi 的无 SIM 卡型号。

据客舱总部企划部经理折原范明介绍，购入 iPad 的初衷，是为了"在乘务员多达 5000 人的现实环境下，突破纸质资料的瓶颈"。按照航空法，乘务员必须在执勤时携带指导手册。手册是活页夹式的大部头，合计接近 2 公斤重。不仅如此，由于手册被频繁修订，一有改动，就必须打印替换页，然后投递到每名乘务员的邮箱。换言之，信息的传达十分费时。

近年来，随着机内餐和服务的改进和丰富，指导手册的内容也相应增加，这让 JAL 决定推行资料电子化改革。对此，折原介绍道："将电子版的指导手册拷贝到 iPad 后，一旦有内容修订，所有乘务员的 iPad 都能够实时同步更新，省去了先前那种繁重的分发作业。"

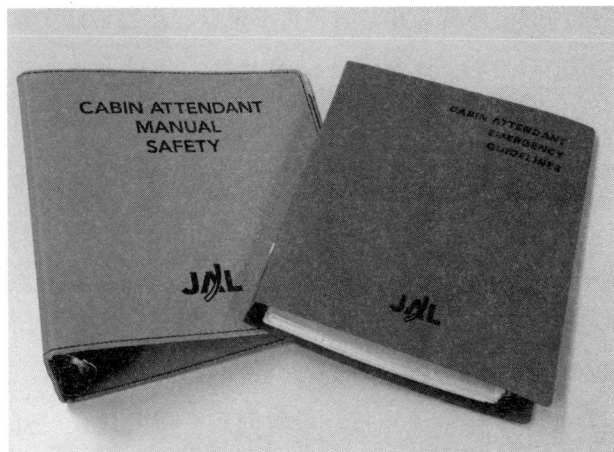

CABIN ATTENDANT
MANUAL SAFETY

J/AL

CABIN ATTENDANT
EMERGENCY
GUIDELINES

J/AL

在上飞机前，乘务员们按照iPad上的示范视频，一起做体操（上图）。在公司导入iPad前，每名客舱乘务员都要在工作时携带两本指导手册；随着iPad的导入，指导手册也做成了电子版，这不但减轻了乘务员的行李负担，也为今后手册的修订和更新提供了便利。以前，一旦手册有内容修订，相关部门只能一份份地打印替换页，然后发到每名乘务员的手中（下图）。

◉ 用 iPad 的摄像头记录并上报状况

在导入 iPad 的同时，为了充分发挥其功能，JAL 向全体客舱乘务员征集建议，并以此开发出了各种 App：乘客信息 App 会显示各乘务员执勤航班上的乘客信息，3 天后自动清除数据；业务报告 App 具有添加和发送附件功能，乘务员能把用 iPad 摄像头记录下来的照片和视频以附件形式上报。IT 企划总部旗下推广部门的小林薰尤其对后者赞不绝口，作为检修·操作小组的经理，他介绍道："自从有了 iPad 和业务报告 App，我们能够在短时间内完成一份清晰明了的状况报告，它比手绘还要方便易懂。"

围绕工作业务 App 的建议征集活动一直在继续，不仅在导入 iPad 的阶段如火如荼地开展，之后也从未间断。JAL 会定期举办征集活动。对此，小林介绍道："在导入 iPad 前，很多人对 App 根本没有概念，但在实际工作中使用过一段时间后，新的建议就开始涌现了。在我看来，关键是将建议变成现实。"

这种以小型终端设备为载体的业务改革还渗透至集团各领域，总公司的事务部门亦不例外。2015

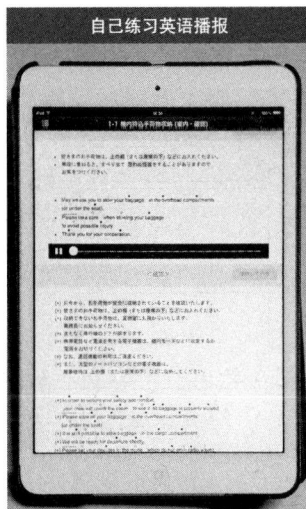

自己练习英语播报

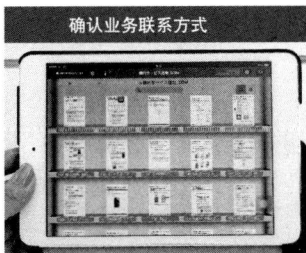

确认业务联系方式

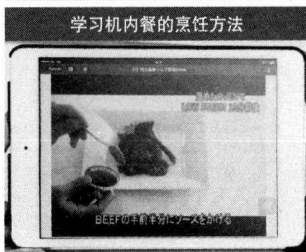

学习机内餐的烹饪方法

一边看示范视频，一边做体操

接收/携带/查看客舱
工作指导手册

各乘务员确认自己执勤
航班上的乘客信息

⋮

JAL不断开发提升各种工作效率的App

年 3 月，JAL 开始向员工发放微软在日本发售的"平板 PC 二合一"产品——Surface Pro。起初发放了 300 台，之后推广至多个部门。这款设备功能多样，既能用于与其他部门的同事商讨工作，也能用于演示说明或者在家办公，可谓打破了场所和环境的束缚，员工在哪里都能工作了。

◉ "IT 鉴定师"发起的改革

在东京品川的 JAL 总公司，几名员工聚在一隅，谈笑风生。他们是 IT 企划总部旗下运营企划部的次时代技术企划小组的成员。此时，他们正在进行名为量化组织活性的实验。他们挂在脖子上的工牌其实是名片大小的传感器，已推广至包括 IT、人事等三个部门，共计大约 80 人在工作时佩戴。内置的传感器有两种，一种探知行动，一种探知位置，因此能够确认员工与同事的对话频率和长时间内的活动频率等，从而量化各部门的活性。

虽说 JAL 早就在全集团推行工作改革，但之前一直没有能有效量化员工工作方式的手段。对此，次时代技术企划小组的组长奥田纯也期待道："至于如何灵活运用本次实验的结果，目前尚未有定论。
但只要将员工的各方面表现量化和可视化，就能为
今后的新创意和新方针打下基础。"

这项举措采用了近年来在各产业领域受到瞩目
的物联网技术。物联网简称 IOT（Internet of Things），
其应用典型是将传感器装在各种设备和机器上，从
而收集其工作情况的相关数据，进而用于预测其故
障等突发状况的概率。而 JAL 则把这种技术运用于
人。通过名片大小的传感器，使员工之间的交流和
接触变得一目了然。

而引导这场集团内改革的便是次时代技术企划
小组。其大胆引进尖端的 IT 设备和服务，并在公司
内进行实测，以验证效果。他们如同一群"IT 鉴定
师"，在公司内试验最新技术，总结出实用创意，从
而推进业务改革。

◉ 积极拥抱新技术

JAL 的改革举措并不仅限于此。在羽田机场，大
约有 1200 名 JAL 员工，他们的设备数量很大，包括
90 多部对讲机和提供给乘客使用的 70 多部轮椅以及

130 多部婴儿车。在 2015 年 10 月,集团在上述所有设备上安装了无线定位器,并在值机柜台和登机口设置了信号接收器,从而实施系统定位实验。

在导入传感器后,现场工作人员的反馈良好,她们说道:"有了无线定位,找人找物都变得很容易。当需要人手帮忙时,马上就能查到哪些同事暂时有空。哪怕把值机柜台储备的轮椅一下子都借出去,锁定它们的位置也是一瞬间的事,再也不用像以前那样跑来跑去苦苦搜寻了,大大提升了效率。"

作为积极拥抱新技术的先锋,除了上述已经非常成熟的设备外,JAL 还大胆尝试各种尚未有定论的前沿设备,比如智能眼镜、智能手表、内嵌传感器的服装、声波仪器等。

通过与各部门的一线员工共同推进改革,次时代技术企划小组给他们带去了新的技术和可能性,同时企划小组也不断收到"群众的呼声",比如"希望实现这种功能,以用于日常业务",这也给了小组成员新的启发。

对此,奥田强调道:"IT 部门的职责不仅是维护和更新系统,其重要的任务还包括尝试新技术,并

通过红外线感知交流对象

Business
Microscope

①加速度传感器
记录行动的时间和程度

②红外线传感器
记录办公室内的位置和
附近的人

量化组织活性

JAL的"IT鉴定师"奥田纯也组长（中间）在和团队员工一起用传感器
测量组织活性

应用于业务改革。此外，通过导入新事物，还能为企业带来活力。"可见，"IT 鉴定师"肩负的使命重大。

◉ 在1∶1的虚拟驾驶席上接受训练

戴上类似护目镜的设备，原本一无所有的空间中，突然冒出 JAL 的"鹤丸"LOGO 和"START"按钮。把手伸向这飘浮在视野正中的文字，用拇指和食指一戳。

于是画面一转，视野前方出现巨大的玻璃窗，窗外是诱导路。四处张望，发现周围是操纵杆、仪表、监视器，还有一排排的开关和按钮。接下来，耳机传出清晰的语音提示："你现在位于波音 737 飞机的驾驶席，这里是新千岁机场。起飞前的检查工作已经完成，目前正在等待全体乘客登机完毕。"

2016 年 4 月，JAL 宣布将以试验的形式，引进美国微软公司研发的头戴式虚拟现实设备"HoloLens"。为了训练飞行员和检修技师，两家企业合作开发针对训练内容的软件原型。JAL 是亚洲第一家应用 Ho-loLens 的企业，全世界第一家应用 HoloLens 的航空

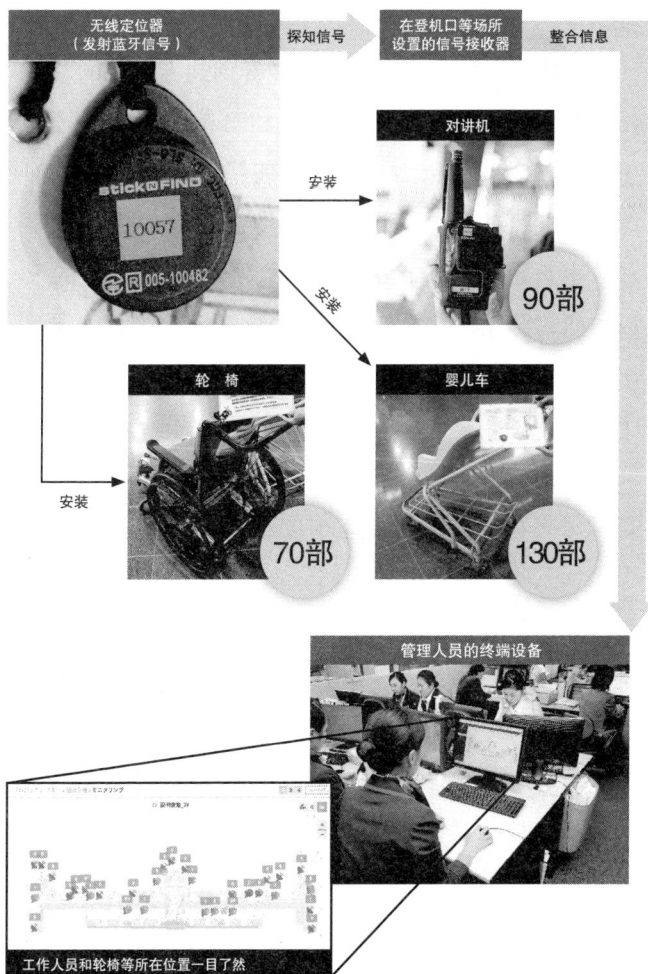

灵活利用定位器，大大提升了分配任务和管理物件的效率

公司。

利用 VR 技术，能让使用者看到并不存在的虚拟物体和景象，比如飞机驾驶席和飞机引擎。这打破了空间和时间的束缚，不必上飞机，不必去驾驶训练舱，飞行员随时可以自主练习，技术的提升速度和效率自然更高。JAL 今后计划听取一线员工的反馈，研讨将 VR 投入实际应用的可能性，厘清亟须解决的课题，从而最终决定是否能将其正式推广至整个 JAL 集团。

当前阶段，JAL 已经开发出两套 VR 课程。一套是针对飞行员的，从起飞前的各项准备到启动飞机引擎，其收录了驾驶舱内的一系列操作步骤。

其具体场景是新千岁机场，学员作为飞行员，坐在准备起飞的波音 737 客机的驾驶席上。"请操作××开关"，随着这声语音提示，相应的开关闪烁着高光，然后学员就用两根手指拨动虚拟空间里的那个开关。通过这样的反复，就能习得一连串的操作步骤。所需时间为 20 分钟到 30 分钟。

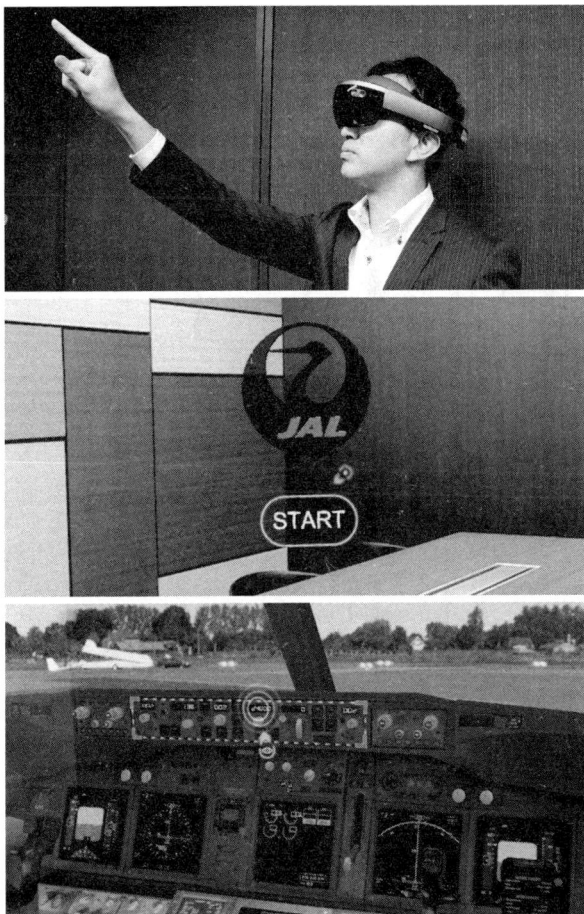

戴上HoloLens（上图）后，原本一无所有的空间就会浮现"START"
按钮（中图）。伸手戳按钮后，眼前就会浮现飞机驾驶舱的景象
（下图）（中图与下图由JAL提供）。

● 会议室中出现 1∶1 的引擎

另一套 VR 课程针对检修技师，学员能通过它了解到飞机引擎的构造、各部位特征以及具体功能等。

引擎投射在虚拟现实中的比例可以调整，其包含大、中、小三个选项。大比例几乎是 1∶1 的实物大小。由于 HoloLens 是无线设备，因此学员能够绕着虚拟的引擎走动，从各个角度观察它。不仅如此，还能以各个角度自由旋转引擎，从而确认其具体构造，这在现实情况下是难以做到的。一旦点击引擎的主要部位，相应的解说视频就会以弹窗的形式播放。

美国微软于 2015 年 4 月在开发者大会上首次公开演示 HoloLens，JAL 的项目开发负责人第一时间看了这段演示，立刻就有了兴趣。当时还没机会摸到真机，但相关的企划已经启动。对此，商品服务企划总部旗下的业务部小组组长速水孝治介绍道："当时，我们向集团的几乎所有部门征集 'VR 金点子'，包括航运、检修、机场服务和客舱服务部。"

以征集到的建议为基础，开发部在微软的美国总部进行了一次演示，并表明了希望尽快将 HoloLens 投入使用的诉求。而微软方面也对 JAL 的创意和热情颇有兴趣，于是在 2015 年夏季，双方签署了将 HoloLens 投入试用的合同，这标志着这一开发项目的启动。

与此同时，JAL 的项目开发负责人第一次试用了 HoloLens 的原型机，并与微软方面的相关负责人举行了为期 4 天的会晤，赋予创意具体的意义，使其得以实现。

◉ 新点子层出不穷

在与微软正式就 HoloLens 签订合作协议前，JAL 公司内涌现出了不少点子：①在机舱内和休息室内，把 HoloLens 借给乘客，用于观影、游戏等娱乐休闲；②让客舱乘务员和机场服务人员戴着 HoloLens 接受业务技能训练，比如练习如何接待和应对眼前浮现的虚拟乘客；③让机库的检修技师戴着 HoloLens 进行作业，让与机体相关的参考信息投射在虚拟空间中，从而帮助他们高效完成检修工作。

但上述建议都存在局限性：①机舱内空间有限，

语音提示加上高光提醒，告诉学员应该伸手操作的地方（上图）。而在学习针对检修技师的课程时，1∶1实物大小的飞机引擎会在虚拟空间中出现，便于学员了解其构造（下图）。（照片由JAL提供）

无法让乘客做出伸展手臂等大幅度动作，因此很难进行确认菜单选项等系统操作；②要让虚拟出来的乘客接近真人，就需要另行开发人工智能技术；③HoloLens 在明亮的环境下很难投射出清晰的虚拟映像。因此这些建议都被暂时搁置，唯有训练飞行员和检修技师的建议获得采纳。

接下来就是实际开发相应 App 的阶段。JAL 成立了共计 11 人的开发小组，其成员包括航运部门和检修部门的一线员工，他们以既有的训练课程为基础，将其内容嵌入 App，并将需求传达给微软。

飞行员必须时刻把握眼前的变化和状况，并瞬间做出正确判断。对于资历尚浅的见习飞行员，由于缺乏实际经验，他们往往需要无数次重复起飞和降落的一系列操作，并确认出现异常情况时的基本应对方式，同进将其转化为自发性的肌肉记忆和本能反应。

话虽如此，能够百分之百重现驾驶舱的飞行虚拟装置数量有限，初级见习飞行员往往没有频繁使用的机会。对此，商品服务企划总部旗下业务部组长泽雄介绍道："见习飞行员有时甚至只能坐在用绘图纸画的驾驶舱平面图前，或者坐在用木头搭成的驾驶舱模型里，进行所谓的'想象训练'。"

对于 HoloLens，他颇为看好："如果能用这种 VR 技术代替之前那种原始的训练方式，见习飞行员能够进一步接近实践体验，最终就能培养出更高素质的飞行员。"

◉ 为乘客的旅途来乐趣的 App

JAL 运用 IT 技术的目的不仅限于提高工作效率，还包括提供面向乘客的新服务。通过 IT 技术，让乘客订票和乘机更加轻松方便，让乘客的旅途乐趣倍增。

其中最受乘客青睐的是可以装在智能手机等设备上的移动端售票 App，其满足乘客的需求和使用习惯，还兼具趣味性。这种娱乐型 App 成为 JAL 再次"俘获"乘客的利器之一。

最典型的是 JAL 推出的国内航班乘机服务 App——"JAL 倒计时"。启动后，它便会显示附近的航班号、起飞时间和登机口等信息，而界面背景是 JAL 机体的 CG 画面，它会随着手机的倾斜角度而上下左右移动。这让乘客禁不住摆动手机，把玩这

从买好机票到坐上飞机，计时一直继续
↓
让旅行前的乘客倍增期待感

随着握持手机角度的变化，背景也会相应移动
↓
在用户头脑中留下印象，增加回头客

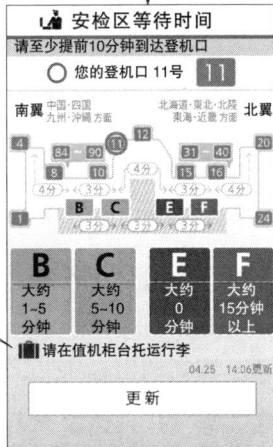

显示安检区的繁忙情况、登机口位置及登机用的二维码
↓
显示各种友情提示，帮助乘客顺利到达登机口

包含大量有用信息的"JAL倒计时"App
其中心思想是为乘客乘机提供方便及为乘客旅途增添乐趣

有趣的特效。隶属 WEB 销售部呼叫中心企划小组的藤山健治介绍道："单纯提供信息的 App 无法吸引乘客一次又一次地反复启动和查看，因此我们加入了趣味性的要素，从而增加了用户黏度。"

当然，光有趣是不够的，这款 App 的功能也非常充实。只要点击 App，它就会立即显示起飞前的剩余时间和登机口的相关信息。一旦出现晚点，其时间也会即时更新。此外，只要点击相应选项，诸如安检、登机和进入休息室所需的二维码、各安检区的等候时间（这一功能目前仅限从羽田机场出发的 JAL 航班）等信息，都会以实时状态显示。

工作到最后一刻才出发去机场，在登机前还不停打电话和处理邮件的商务人士；提前办完登机手续，花时间在机场用餐和购买纪念品的观光乘客……不管是何种类型的乘客，绝大多数在登机前都急急忙忙，有许多事情要做。

假如调出搭乘信息和二维码的操作步骤纷繁复杂，那用户自然会失去兴致。为此，JAL 的开发团队心系乘客需求，只要轻轻一点 App 图标，乘机所需的信息就一目了然。

"JAL" APP

订购机票前，可以通过App
确认从哪个角度能看到富士山

苹果智能手表APP

不必拿出智能手机，用苹果智能手
表也能查看搭乘航班的相关信息

不用出示机票，
扫二维码也能登机

心系乘客需求，不断扩展新功能和适配新设备（上图）。
奋战在App开发工作第一线的藤山健治

● App 增加知晓"富士山在哪边?"的功能

藤山说道:"怎样的 App 才算是方便。针对该课题,我们站在乘客的角度,萌生了许多创意。另一个课题是,随着智能手机等数码设备日新月异的发展,如何给习惯高科技的用户带去欣喜和感动,并使其成为 JAL 的回头客。"换言之,不让 App 仅仅提供"告示窗口"式的单纯功能,而是让 App 自身具备附加价值。为此,开发团队的目标是打造娱乐型 App。

这一想法取得了实际成果。以具备机票订购功能的 App "JAL" 为例,其 2015 年 2 月增加的新功能"富士山在哪边?"便是典型。用户通过选择不同的国内航班和出发时间,能够查看在机舱内的左侧还是右侧能够看到富士山。之所以增加这一功能,是因为呼叫中心的负责人发现不少乘客来电询问,"哪边的座位可以看到富士山",于是联系 WEB 销售部,使开发相关功能被提上开发日程。据藤山介绍:"在推出这一功能后,App 的下载量前所未有地急速增加。"

2014 年 9 月，美国苹果公司发布了其智能手表"APPLE WATCH"，并宣布其正式发售日为 2015 年 4月。为了满足紧跟潮流的数码产品爱好者的需求，JAL 在苹果发布 APPLE WATCH 后立即着手开发适配它的 App——"JAL 倒计时 APPLE WATCH 版"，让乘客可以通过 APPLE WATCH 查看搭乘航班的相关信息，调出所需的二维码。

在 APPLE WATCH 发售前，开发团队通过电脑模拟的界面推进开发，并用美国谷歌已经发售的安卓智能手表作为替代品，进行"真机检测"，试验扫二维码登机等操作。而在 APPLE WATCH 正式发售后，JAL 找到第一时间购买这款手表的公司员工，借手表进行真机检测。在确认没有问题后，立即在 AP-PLE WATCH 的应用商店上线了这款 App。对此，藤山笑着感言道："以前不少人觉得 JAL 是一家保守、古板、迟缓的航空公司，而我们迅速推出 APPLE WATCH 的举措在一定程度上改变了人们的这种固有印象。"

日航哲学　利用 IT 技术的基础

石关佳志　常务执行董事　CIO　IT 企划总部部长

2017 年，JAL 制定了宏大目标，即彻底更新国际航班票务系统、机场服务管理系统等骨干系统，其主旨是整合国内航班和国际航班的相关系统。在日本航空业界，这是史无前例的创举。CIO（首席信息官）石关佳志是这个改革项目的总指挥，下面是他对于 JAL 未来 IT 战略的回答和阐述。

Q：从国内、国际航班的票务系统，到机场服务管理系统，贵司接连推出大规模的系统更新计划。在目前阶段，如此大幅投资的意义在哪里呢？

石关：在 2010 年破产前，JAL 几乎没有在 IT 方面投入新的资金和精力。在破产期间，财务接管人明确指出："IT 是 JAL 的生命线，可公司当前的系统十分老旧，这样下去不但会影响业务发展，还会增加运营成本，因此必须做出改变。"鉴于此，我们把更新系统纳入了重建计划。

石关佳志（摄影：村田和聪）

我们先制定了"中期经营5年计划"，从2012年至2016年。在此期间，我们决定更新升级JAL的"生产系"，即与航运直接相关的业务系统。随着时间的推移，这一计划逐步实施，过半数的业务系统已经完成升级。而面向乘客的服务级系统则较为复杂，因此更新计划延到了2017年。

在航空业界，IT系统是左右公司竞争力的关键因素。尤其是面向乘客的服务系统，一旦落后于科技发展趋势和不能匹配用户习惯，航空公司就可能瞬间从第一梯队中消失。近年来，许多航空公司不再自主开发系统，转而使用第三方的票务平台。最有实力的是美国的Sabre和西班牙的Amadeus平台。

整合国内和国际航班系统，提升乘客的用户体验

使用第三方平台的优势是较为灵活，一旦相关政策和制度改变，其平台会自动更新和应对。在航空业，旅客制度经常会发生变化。假如全凭公司一己之力，则难以迅速应对，从而在竞争中陷入不利局面。

此外，成本优势也是第三方平台的亮点之一。

票务系统如同一个基建工程，考虑到今后要添加各种附加功能，其基础就必须具备扩展性，从而在日后添加功能时减少成本投入、缩短开发周期。

Q：投资金额大约是多少？

石关：具体金额未公开，但航空业的普遍做法是将营业费用的3%左右投入IT开发。JAL的投资金额也不会大幅超过这个比例。

Q：我觉得贵司这次的系统更新有两大亮点：一是将软件从本地化改为云端化；二是整合了国内和国际航班的系统。纵观全球，的确已经有不少航空公司完成了内外航线的系统整合，但在日本国内，这还尚属首次。贵司是怎样下定决心推进这项改革的？

石关：当初，这在公司内部也是最具争议的项目。在我看来，其焦点在于谁能享受到整合后的福利。原先JAL国内和国际航班两套系统，操作步骤和界面完全不同。而在整合之后，用户界面和操作都将统一，这能够改变员工的工作方式，减少先前不必要的人力和时间。

不仅如此，整合同样造福客户。我们公司的客户不仅是乘客，还包括各家代理售票店。整合系统并统一订票流程，也给客户们带来了方便。再从根本上来说，为乘客提供最好的服务是 JAL 的企业理念之一，因此整合系统十分必要。

整合也面临诸多挑战，比如之前的系统可以针对货运费用等进行十分细微的设定操作，整合后，这项功能可能会缺失，从而给运营带来不利影响，但公司同人一致认识到了提升客户的用户体验乃重中之重，于是大家排除万难，团结一心地进行技术攻坚。

Q：数据显示，搭乘 JAL 航班的乘客最近日益增加。而贵司也在彻底控制成本，比如迅速地根据客流量更换机型，力图把空座率压到最低。在对机型和相关资源按需调配的过程中，更新升级的 IT 系统也发挥了作用吗？

石关：航线统括总部的机型调配小组和国内航线事业总部的团队相互合作，预测需求变化，制定机型配置计划。当然，所有相关工作无法都靠人工完成，系统也在其中发挥着作用。

比如，根据航班起飞日前的 1 个月至 10 天前的机票订购情况，系统能够推算出乘客总数，然后以此为基础，以利益最大化为前提，计算出各航班应投入的机型。而相关负责人每天审视实际需求，对照系统数据，经过彻底讨论，最终拍板决定。话虽如此，倘若临近出发日再变更机型，就需要全部撤换座位指示图，这势必给乘客带来麻烦。鉴于此，我们给机型变更设定了期限，一旦过了期限，就不再变了。

关键要站在如何与整体相匹配的宏观角度看问题。假如负责不同航班的各小组自扫门前雪，在选择机型时只顾最大程度地提升"自家线路"的利润，那么整体的利益最大化便无从谈起。为此，统管各小组的部长必须做好监督工作，在需要的时候，要让小组理解"牺牲小我，成就大我"。为了集团利益，暂时把自己的利润让给其他小组。

日航哲学中有一条是"心怀利他之心"。近几年来，我切身感受到，大家在竭力分析需求，降低成本，增加利润的同时，还具备宏观的视野和胸怀，不执着于具体某个部门的利益，而是把集团整体的利益放在首位，从而大大改善了公司国内航班的收支情况。

更新后的 IT 系统能够预测需求，且其精度在不断提高，但我们并没有完全依赖电脑系统，而是加入了人为判断的环节。负责调配机型的两个小组会以系统算出的预测结果为依据，然后展开深入讨论，直到彻底达成共识，再正式实施机型调配。换言之，这一流程不但利用了电脑的便捷和精确，也发挥了人的直觉和经验，是 JAL 一贯方针的体现。

Q：给客舱乘务员配备 iPad，给检修部门配备微软的大屏幕终端设备 Surface HUB，通过引入这些新的设备，贵司在不断改革工作方式，可以这么理解吧？

石关：经历了 2010 年的破产后，凭借提供社会基础设施服务这一经营性质，国家总算给了 JAL 喘息的机会。这也让我们认识到，假如一线员工的工作方式没有坚实的体制和章法，就几乎不可能顺利运营航线。为此，我们决定以客舱、维修、航运、机场四大部门为对象，深入进行改革。

IT 部门与一线员工协力，实现"敏捷软件开发"

我们得出的结论是，与乘客直接接触的员工应该具备自觉的思维方式和工作流程。通过学习和吸收日航哲学，大家的思维方式应该没有问题。接下来的关键是制定清晰合理的流程，使公司的信息和指示能够准确地传达至每位一线员工。

以羽田机场为例，由于借给乘客用的轮椅和婴儿车上都装有无线定位器，因此立刻就能确认其所在位置。在没有定位器之前，有的员工说："找它们很浪费时间，要是能解决这个课题就好了。"在聆听了他们的心声后，我们着手讨论，研究怎样用 IT 技术解决他们的燃眉之急。

引进新技术和新工具也伴随风险，但我们还是把一线员工的需求放在首位。有的项目由 IT 部门主导，相关负责人会拿着产品或软件，向一线员工演示，并征求意见，最终成功导入工作现场；有的项目则由一线员工提出，在阐释需求后，IT 部门的相关负责人着手实现。尤其是后者，对一线员工而言，自己的声音不但被倾听，而且最终愿景成真，变为公司改革的实际业绩，其带来的成就感和自信不言而喻。

为了弄清机场服务管理系统应该包含哪些信息，我们和一线员工在机场开展了数次工作坊（WORK-SHOP）研讨活动。我们让他们把自己工作中遇到的难题和自身的理想工作状态写在便笺纸上，然后归纳总结机场服务应该包含的作业。最后，我们将其通过系统来实现。

让一线员工试用后，我们会收到现场的反馈意见，比如"似乎有点难用"等。因此，我们采取"敏捷软件开发"的方式：一边让员工们使用，一边不断改进和升级。说实话，在实施改革以前，有时候完全是 IT 部门在强推新软件；而如今，这种情况完全没有了。

Q：IT 部门在改变与其他"用户部门"关系的同时，其自身的工作方式是否也发生了相应的变化？

石关：问得好。从 2015 年 4 月起，IT 企划总部的工作方式就出现了转变。先前，我们往往与其他总部旗下的企划部门对接，商讨 IT 方面的新计划；如今，我们越来越多地直接前往现场，与一线员工共事。

IT 企划总部与各部门的一线员工直接推进项目，这等于是越过了各总部的企划部门，但大家对此都表示理解。通过这种深入工作一线的方式，能够开发出一线员工觉得真正好用的、需要的系统。当然，IT 总部并非任意妄为，我们还是会与各企划部门保持沟通，确保彼此对于大方向拥有共识，同时听取和反映一线员工的需求心声。

Q：贵司之所以能够实现这种开发流程，是否与JAL 拥有丰富的 IT 技术资源有关？据我所知，贵司在 2002 年将旗下子公司 JAL INFOTEC（JAL Information Technology）半数以上的股份卖给了 IBM 日本公司，但又在 2011 年回购了所有股份，使其再次成为JAL 集团全资控股的子公司。

IT 部门孵化的成果在哪里都通用

石关：在我看来，JAL 的 IT 课题不仅是诸如本地化还是云端化之类的表面内容，而是如何让公司拥有 IT 资源的问题。原因很简单：为了孵化人才。管理项目，运营工作坊……身为 JAL 人，提高这些能力是当务之急。

这些能力在哪个部门都有用武之地。整理信息的能力，整合多种思维方式的能力……在我看来，要想掌握它们，其中一个极好的途径便是从事 IT 类工作。

为了从整体上提升全集团的员工素质，我的设想是开放 IT 部门：在保有一定人数的常务员工的基础上，其他岗位采取轮岗制，上岗对象是使用各种系统的各部门的员工。目前我们的系统更新升级工作处于关键阶段，因此没有精力再去改变团队的构成，但等到项目告一段落后，我打算切实施行轮岗制。我认为，这对广大员工也是一种福利。因为如果一个人在职业生涯中从事过一段时间的 IT 类工作，我觉得是大有裨益的。

集团员工总共约 32000 人，IT 企划总部大约有100 人，而 JAL INFOTEC 有 900 人左右。

说实话，要想干好这一行，如果团队都是仔仔细细、一板一眼的人，有时反而不太能出成果。换言之，我们需要一些与众不同的人，拥有特殊的视角和思维，比如能跳出用户的框框，以更高的视角审视软件，比如敢于创新、否定之前的做法和策略。从比例上讲，我们希望这样的人才占到团队总人数的五分之一。

Q：对于美国微软的头戴式 VR 设备 HoloLens，当它尚处于开发阶段时，贵司便引进了它，并开展了一系列试验。在应用新技术方面，贵司似乎变得十分积极了。

石关：话说 2012 年，当时距 JAL 重新上市已经过了一段时间，公司的重组和改革也取得了一定的成绩。我觉得"努力苦干"的确是 JAL 人的美德，但倘若只知如此，JAL 永远只能是一家无功无过、维持运作的平凡企业。为了未雨绸缪给未来 5 年到 10 年提前打下基础，我觉得应该放眼新领域、挑战新事物。

当时，公司内部恰好在商议将美国谷歌的眼镜式设备"Google Lens（谷歌眼镜）"用于日常业务中的课题。最后，檀香山机场的 JAL 检修技师率先享受到了这一科技成果带来的便利，他们在作业时戴上谷歌眼镜，将眼前的机体影像实时传送至日本总部，一边和总部的专家讨论，一边检修飞机。这样的手段验证了远程协同作业的可操作性。虽然谷歌最终放弃了谷歌眼镜，但通过这场实验，"挑战 IT 领域新技术"的氛围在我们的企业文化中弥漫开来，因此我觉得非常幸运。

2015 年，得知微软正在开发 HoloLens，JAL 内部便出现了"希望将其用于公司业务"的呼声。于是，IT 企划总部在公司内征集意见和创意，并在归纳整理后，前往美国的微软总部，向相关负责人说明和演示。

不断给予年轻人挑战的机会

当时，我们派出了一些干劲儿十足且颇为独立的年轻员工，让他们和谷歌、微软等美国尖端 IT 企业的一流工程师开展讨论，这促使他们获得成长和提升。这些年轻人是 JAL 未来的栋梁，通过这样的交流机会，让他们心生对自己工作的自豪感，在未来 10 年乃至 20 年后，当他们成为独当一面的干部后，也能做到不忘初心、不断挑战。

公司是盛是衰，归根结底取决于员工们的心智。我希望不断给予年轻人挑战的机会。我相信，这样能够以 IT 为载体，践行我们的企业理念：为乘客提供最好的服务。

石关佳志

1990 年 4 月入职 JAL。曾担任 IT 服务企划部部长、经营管理部部长。2012 年 3 月担任执行董事兼 IT 企划总部部长。2014 年 4 月升为常务执行董事兼 IT 企划总部部长，并延任至今。

第八章

植木义晴社长现身说法
"稻盛先生的两次表扬"

在破产后重生的 JAL，奠定了"依据正确数字"及"审视工作本质"的企业文化。说到这里，自然不得不提作为 JAL 领头羊的植木义晴社长，他于2012 年就任社长一职。

民航飞行员出身的背景，让他在航空企业的领导中显得非常特别。这样的他，给 JAL 带来了怎样的经营成果呢？对于名誉顾问稻盛先生所传授的阿米巴经营及哲学理念，他又是如何学习、吸收，如何付诸实践的呢？让我们来听听他的现身说法。

Q：2016 年 3 月的财报显示，贵司创造了史上最高的营业利润，其数值高达 15.7%。对此，您作何感想？

植木：至今，稻盛先生只表扬过我两次，这是其中之一。当时，他说道："你们潜力巨大，不但能完成既定目标，今后的目标也不在话下。"他还说道："一般来说，人们一旦达成目标，就会松一口气。但你们能够把成就视为历史，并不断创造新的利润。"听了他的这番话，我由衷感受到 JAL 员工的优秀和伟大。

但稻盛先生也指出了我们的不足之处。他说道："既然能创造这么高的业绩，一开始就应该把目标定得高一点。"他在"经营十二条"中指出，要实现"销售最大化，费用最小化"，其体现了制定高目标的重要性。定下看似难以达成的目标，拼命努力奋斗，这是优秀企业家最值得敬佩的特质。正因为目标较为遥远，才促使人们激发潜力，变不可能为可能。当然，JAL 依然任重道远，有不少目标，我们还未能实现。

● 批评超额完成目标的部下

若只看结果，JAL 的营业额的确每年都在创新高，且超额完成已成常态。一般都会超额 200 亿日元，最多的时候超额 400 亿日元。你可能很难想象，对于这样的结果，我每年都要批评公司的高层干部。

"很抱歉，这个月又超额完成了目标。"在月度业绩报告会上，汇报的干部们经常使用这样的开场白。一般来讲，因为超额完成而道歉简直匪夷所思，

植木义晴（摄影：村田和聪）

应该感到骄傲才对。但反复的超额完成也暴露了一个现实问题，也就是设定目标的方式仍有待改进。

有的人觉得，"正因为拼命努力了，才会超额完成的"。既然如此，作为领导的总部部长和高层干部们就应该相信员工们的能力和潜力，制定与之相称的目标才对。制定目标是门学问，不应该简单地收集数据、归纳整理后便完成。制定者的意志和态度是关键。由此可见，既然超额完成目标，说明设定目标的领导干部们没有充分倾注热情、意志和决心。我一直如此指出和强调，而他们当然也懂得这个道理。

Q：但也有观点认为，假如目标定得过高，就会给组织带来过大的业绩压力，从而滋生舞弊等不良行为。对此您怎么看？

植木：要杜绝这种现象，行动哲学是关键。正因为如此，我们制定了日航哲学，作为全体员工意识、价值观及思维方式的准绳，并将其推广，使每名员工都能够学习并深入理解它。

要真正杜绝舞弊，靠的不是规章制度，而是人心、人的灵魂。在这方面，我对我们的员工绝对有信心。哪怕我说出了什么不恰当的话，高层干部也会立刻直言相谏，指出我的错误。但凡事不可松懈，为了让他们维持操守、警钟长鸣，我一直对他们严格鞭策。

Q：我想谈谈 2017 年 3 月，这是 JAL 提交中期经营计划成绩单的财年结算期。如果给自己打分，您会打多少呢？

植木：中期经营计划包含三大目标。它们是安全航运、提升顾客满意度和奠定财务基础。

这项计划在 2012 年启动，当时我最担心完不成的是财务目标，即"5 年连续保持 10% 以上的营业利润率，产权比率在 2016 年底达到 50% 以上"。可目前回头再看，发现难点反而是"保持安全航运无事故"和"顾客满意度达到第一位"。这样的目标的确非常高，目前我还不敢说 JAL 做到了。

以服务业效率协会公布的《日本版顾客满意度指数（JCSI）》为例，JAL 虽然在 2015 年的国际航线类别中获得第一，但反观在国内航线中的排名，反而从前年度的第三降至第五。对于 JAL 一路过来的改革举措，我能够满怀信心地肯定其正确性，但要让其在数据上体现出来，可能还需要一段时间。现阶段，我们必须详细分析相关数据，找出不足点及亟待改进之处。

换作破产前的 JAL，完不成中期经营计划是常态。期限一到，就制定下一个中期计划，如此周而复始。这就好比还没有跑完眼下这场马拉松，就又去参加下一场了。如今则不同，必须完成既定的三大目标，才能挑战下一场"马拉松"。鉴于此，我要求公司干部们在 2016 年达成剩下的两大目标——"保持安全航运无事故"和"顾客满意度达到第一位"。

Q：大家都知道，JAL 在重建时，除了哲学思想的加持外，还以京瓷的"阿米巴经营"为基础，引入了"部门独立核算制"，使每个部门的收支情况实现可视化，从而强化了领导层的企业经营意识。但如果仅从财务层面来看，通过出售一部分飞机和旗下的子公司，JAL 已经获得了喘息和再发展的机会。既然如此，那么日航哲学和阿米巴经营的意义又何在呢？

植木：你没说错。即便没有阿米巴经营和日航哲学，通过公司的结构性改革，也能在短期内扭亏为盈。这与财务接管人提供的帮助是分不开的。

◉ 若无意识改革便无法真正重生

当时，财务接管人组织中的领导曾对我说道："破产重组是一剂起死回生的灵药，但也是一剂凶险的猛药。纵观经历了破产重组的日本企业，能够重新上市的不过 9 家。剩下的 130 家，有一半已经彻底消失。植木先生，仅凭结构性改革，并不能让 JAL 真正重生。唯有同时开展意识改革，才能实现企业的可持续发展。"

但财务接管人职能范围有限，虽可指挥结构性改革，但涉及意识改革，还得另求他人，于是请来了稻盛先生。我还记得，稻盛先生初来时这样说道："真正采取实际行动的还是你们自己。倘若意识改革不成功，JAL 就会二次破产。纵观过去的历史案例，这一点不言自明。"他的这番话，让我有醍醐灌顶之感。

2012 年，稻盛先生推荐我当社长。当时我满怀信心接受重任的理由很简单，在他领导的改革下，JAL 已经拥有了日航哲学和阿米巴经营模式这两件利器。假如没有它们，JAL 当时或许也有可能成功重生。但我可以肯定，那样的 JAL 是无法让我有担任社长的信心和底气的。

Q：学习日航哲学的队伍扩大至集团旗下各企业和相关单位，总共大约有 3200 名"学员"。而部门独立核算制也在集团内不断推广，如今 JAL 旗下已有 31 家企业实行这项制度。对您而言，"可视化管理"的有效范围势必在日益扩大，但具体来说，您会在什么时候实际感受到这种可喜的效果呢？

植木：我刚才提到，稻盛先生一共表扬过我两次。你的问题恰好与第二次表扬有关。

我们集团旗下的子公司总计超过 50 家。在它们之中，出现赤字的仅有区区数家。这几家主要承担内勤、支援等服务工作，其职责是为整个集团的高效创收保驾护航。至于其他大多数子公司，自不必说，它们几乎都是盈利的。

对此，稻盛先生赞叹道："我从未见过像 JAL 这样的案例。一般来说，大规模的集团企业旗下往往有三分之一的子公司存在赤字，有些糟糕的甚至有超过一半的子公司处于亏损状态。"在我看来，这归功于 JAL 旗下各子公司的经营负责人。他们认真学习日航哲学，并将其落实到了日常工作中。

Q：为何日航哲学和阿米巴经营模式能够如此在集团内深入人心？

植木：稻盛先生一开始经常批评我们。他说："你们这样的人，反而是最难接受哲学思想的。"他的话并没错，说实话，在 JAL 破产前，我们 JAL 人透着一股骄傲，大家都觉得 JAL 破产简直是天方夜谭。

而被残酷的现实敲醒后，包括我在内的广大 JAL 人失去了自信和骄傲，感到彷徨和迷惘。就在那时，稻盛先生前来指点迷津，给了我们哲学思想这条明路。我想，正因为如此，日航哲学才会迅速在集团内生根发芽。

至于第二个原因，我觉得在于 JAL 人的品性和素质。大家的本性都不坏，也都非常耿直和虚心，因此能够很快地承认错误和纠正错误。

第三个原因则是实际业绩的提升。这么说可能会惹稻盛先生生气，但哲学思想也好，部门独立核算制也罢，终究是无形的东西。当初在聆听他的教诲时，我们的确虚心接受，并决定付诸实践。但说实话，当时大家多少还是有点心存怀疑。

倘若业绩未有起色，我们恐怕会灰心，觉得"果然靠哲学之类是行不通的"；但事实如你所见，仅仅在实施改革后的第一年，集团业绩便有所改善。尤其在2012年3月，当期财报显示，JAL的利润创了新高。要知道，前一年还发生了东日本大地震。就是在如此不利的大环境下，大家交出了令人欣喜的"成绩单"，这让JAL人由衷感到稻盛先生的哲学思想真实不虚。

◉ "切莫一味追求眼前利益"

稻盛先生是个有意思的人，他一开始反复强调"要创造利润""要实现'销售最大化，费用最小化'"。而在我们取得一定成绩后，他觉得我们"孺子可教"，于是指导我们进入下一个发展阶段。我记得，那是在重建JAL的一年半后，我去向他请教一个具体问题。听完我的说明，他突然训斥道："切莫一味追求眼前利益。"

这句话与他先前的方针截然相反，这让我一时感到迷惘。后来经过一番思考，我总算想通了——JAL 已经迈入了下一个发展阶段。

换言之，JAL 人已经学会了拼命努力、追求利益，接下来需要懂得"何为正确的利益"。

Q：我这次围绕着"部门独立核算制"和"推进多元化"两大主题，采访了不少贵司的一线员工，而我从他们那里听到最多的一句话是"公司领导积极带头参与，这给了我们信心"。正因为您能做到深入基层，所以才会成为稻盛先生眼中的社长人选的吧。

植木：至于为什么选我，我也很想知道。希望你有机会帮我问问他，我是认真的（笑）。在被选为社长前，他的另一个决定其实更让我吃惊。当时我担任公司干部还不到 10 个月，他突然要我当航线统括总部的部长。我之前一直是名飞行员，只知道开飞机，不懂企业经营。

对于这么一个外行，他居然要求道："必须洞察经营全局，保证企业收支平衡。"对于拥有 50 多年创业和经营经验的稻盛先生而言，我这种人简直就是小学生吧，但他敢于任用我。这份魄力，实在让我惊讶和叹服。

当时,我是这么看待他的抉择的:能够思考复杂战略和计划的大有人在,但他却选择了我,这里面肯定有他特别看重的东西。

Q:稻盛先生特别看重的是什么呢?

植木:可能是一股舍得拼上性命的倔劲儿吧。此外,还有重视基层的态度。说实话,当时在 JAL 集团里,我可是最能和稻盛先生争吵的人。哪怕他下达了指示,我有时也会顶回去,对他说道:"站在基层员工的立场,我表示拒绝。"但有时我也会"讨价还价",提出替代方案,比如"虽然这方面做不到,但我会用那方面来补偿"。在这样的"你来我往"中,他可能隐约感到"这家伙骨子里有着和我一样的特质"。

Q:纵观当下形势,日元贬值、油价下跌、国内游需求旺盛……各种外因可谓顺风顺水。但假若大环境出现变化,导致民航业不景气时,您打算如何应对?比如贵司目前引以为傲的新机舱内饰,总有老旧过时的一天。

植木:服务包含 3 要素,即硬件、软件和人。集团先前没条件投资硬件，完全在业内处于落后位置。因此从 2010 年至 2012 年，JAL 可谓处于逆境之中。而稻盛先生一直教导我们要"努力发挥人的作用"。

◉ 能战胜逆境的唯有人

2010 年，JAL 决定在商务舱配置能够放倒平躺的"JAL SKY SUITE"座椅，在经济舱配置前后空间较为宽敞的"ECONOMY SEAT"座椅。当时，围绕这些举措，集团干部们展开了热烈讨论。一是大家都觉得必须凭借优良的硬件设备来实现"顾客满意度世界第一"的目标；二是大家觉得之前一味要求基层员工发挥作用，总算该回报他们的努力了。在导入 JAL SKY SUITE 后，最让人感到欣慰的是客舱乘务员的表情变化，每当指引乘客入座时，一想到乘客会有惊喜，她们就会露出激动的微笑。

但你说得没错，飞机总有一天会老旧甚至报废。虽说采购的时机有讲究，但一般来说，每过五到十年，就会有更先进的机型问世。届时，最需要的还是人。不仅限于客舱，包括机场、贵宾休息室的员工在内，每个人努力的身影，才是 JAL 品牌真正的价值所在。经常有员工问我："JAL 的品牌价值是什么?"我总是回答:"就是你们。"全体员工通过不同的分工和职责，从各个角度与客人接触。在此过程中，JAL 的品牌价值得以体现。至于硬件，JAL SKY SUITE 也好，波音 787 也好，今后计划购入的空客 A350 也好，它们只是帮助人实现价值的工具而已。

植木义晴

1952 年生于日本京都府。1975 年 3 月毕业于航空大学。同年 6 月入职日航公司 (JAL)。曾任航运总部副部长等职务。于 2010 年 12 月升为日航国际专务执行董事兼航线统括总部部长。2011 年任日航专务执行董事。2012 年 2 月至今任社长。

第九章

对JAL 重生的感想，展望民航业的未来
稻盛和夫名誉顾问如是说

　　凡是采访经历了破产和重建的 JAL 基层员工，当我提到稻盛和夫时，他们几乎异口同声地说道："多亏了稻盛先生""多亏了稻盛先生带来了阿米巴经营模式和哲学思想"……

　　身为京瓷名誉会长的稻盛和夫，于 2010 年 1 月就任 JAL 会长一职。当时正值 JAL 破产。2011 年 3 月，JAL 走出了破产保护阶段；2012 年 9 月，JAL 再次上市；2013 年 3 月，他退出董事会，转任名誉顾问。如今，他不再具体过问 JAL 的经营事务，但有时还是会前往位于东京天王洲的 JAL 总部，为集团干部们出谋划策。

　　当年，稻盛先生是以怎样的心境决定拯救 JAL 的呢？如今，他又如何看待 JAL 的现在和过去呢？对于民航业的未来，他又有怎样的高见呢？且听他娓娓道来。

　　Q：2010 年 1 月，您在 JAL 陷入破产危机后担任会长一职。当时其公司内部是怎样一种状态？

稻盛：当时 JAL 有个名为"经营企划室"的中枢部门。里面尽是一流大学毕业的优秀精英，他们做出各种决策，然后向全体组织发出指示，从而管理和保持企业的运作。在我看来，当时各基层组织只是在忠实地实行经营企划室发布的命令而已。

你可以想象，经营企划室的干部们并非都是从基层锻炼出来的，也并非个个熟知各部门的实际情况。他们出身名牌大学，入职大企业，走的都是英才之路，对基层情况较为陌生，但却要不断制定企业经营战略和对策，还要下达给各基层部门。目睹这一情况，我当时的第一反应就觉得这种模式有问题。而在上任后，我更是感到他们缺乏能够激励全体员工的理念和基本哲学思想。

通过创立和经营京瓷和第二电电（DDI，现在的KDDI），我树立了自己经营企业的目的，即"追求全体员工物质与精神两方面的幸福"。上任后，第一次召集公司干部们开会时，我就告诉他们，要把"追求全体员工物质与精神两方面的幸福"作为 JAL 的经营目标。这个道理很简单，公司是员工的，既然经营企业，当然要让员工们拥有幸福感。

对此，一些与会的外部专家提出疑问，他们说：
"当前的首要任务是重建濒临破产的 JAL，这时候把
公司的第一经营目标和员工的幸福挂钩，真的合适
吗？"对此我答道："我觉得合适。员工感到幸福，才
会有积极性，最终回报各大股东。"之所以如此力排
众议，是为了让大家有正确的认识。有的人觉得企
业应该把如何回报股东视为首要任务，但我不这么
看。要想真正回报股东，让企业可持续发展，必须
先让员工们真正拥有幸福感。

我对 JAL 的干部和员工们反复强调这点，并要
求干部们把我的话如实传达给各基层员工。这样一
来，基层员工觉得，既然会长说了 JAL 的经营目标
是追求全体员工物质与精神两方面的幸福，那么公
司的利益就与自身的利益一致了。于是，各部门开
始认真思考"为了自己的幸福，该为公司做点什
么"。这样的契机，催生了大家的主观能动性。至
此，"全员参与经营"的意识开始在 JAL 生根发芽。

前面提到，经营企划室的干部们制定各种方案，
并指示基层予以落实，但实际效果并不理想，不少
方案都没能顺利落实和完成。为此，我特意用毛笔

稲盛和夫（摄影：村田和聪）

写下中村天风先生的一句名言，并把它贴在他们的办公室里。那句名言是"实现新的计划，关键在于不屈不挠、一心一意。为此，必须聚精会神，抱着高尚思想和强烈愿望，坚持到底"。我指着那句名言，对经营企划室的干部们说道："要做成事，就必须具备这样的思维方式。"

Q：京瓷和 KDDI 的企业文化，想必与 JAL 不同。您在推进 JAL 员工们的意识改革时，除了那些您认为非改不可的陋习之外，有没有让您觉得应该保留甚至是发扬光大的优秀传统呢？

稻盛：我没发现有什么应该保留的，当时一心只想着如何彻底改变 JAL。

Q：这么说，在您看来，这个组织无论如何都必须彻底变革，否则无法重建，是吗？

稻盛：这与 JAL 这家企业的背景有关。其起初类似于国企，社长和副社长等管理层的背景也多为"半官半民"。即便没有经营理念，只要顺应国家之动向，了解全球经济及民航业的形势，并一板一眼地施行对策即可。这样的做法缺乏企业治理之血肉，即经营理念。正因为如此，在上任之初，我就反复强调，要把企业的经营目的定义为"追求全体员工物质与精神两方面的幸福"。

Q：之后，2011 年 1 月，在您的指导下，制定了日航哲学。您能讲讲制定的过程吗？

为了让大家能够在经营企业时遵循理念和目的，我当时拿着京瓷哲学手册，给时任社长的大西贤先生及其他干部看，并对他们说道："必须让全体员工共享这样的思维方式和哲学理念，并在充分理解的基础上，在日常工作中坚持遵循它们。京瓷也好，KDDI 也好，全体员工一直都是这么做的。所以各位也要从哲学理念出发，坚实地经营企业。"

当时，和我一起来到 JAL 的还有我的得力助手大田（时任京瓷专务的大田嘉仁）和森田（时任京瓷副社长的森田直行）。由于我提出了这样的想法，因此他俩开始频繁地和 JAL 的干部们举办学习会，据说大家有时吃住一起，讨论到天明。我虽没有亲自参加，但我相信，在这种激烈讨论和思想碰撞的过程中，哲学思想开始渗透至 JAL 干部们的意识之中。

你可能会有这种想法："JAL 直接采用京瓷哲学

不就得了？"但我当时特意要求他们在京瓷哲学的基础上，探讨其与 JAL 实际情况相适应的部分，从而重新制定属于 JAL 自己的哲学体系。对 JAL 而言，这方面先前可谓一片空白，因此完全从零开始的确非常困难，而且虽说公司不同，但其基干部分，譬如事业经营、人生观和经营哲学等并无较大区别，所以既有的京瓷哲学可以作为参考。就这样，制定了日航哲学。然后我要求大家学习它、理解它，并以它为纲，开展经营活动。

Q：在 JAL 破产后，您向干部们传授经营理念和哲学思想。他们之中有的能够立刻接受并领会，有的恐怕并不能。您当时上任后，JAL 里没有这样的反对派吗？

稻盛：假如我当时接手的 JAL 经营状况良好，考虑到干部们的自尊心和骄傲感，对于我所提倡的理念，恐怕会有反对派出现。但不知该不该说是"不幸中之大幸"，在我接手时，JAL 已经破产，公司干部们一心求助，因此虚心听取了我的想法。换言之，对于我提倡的哲学思想和经营理念，并没有人表示反对。

而且我比 JAL 的干部们年长许多，可谓他们的长辈。再加上我白手起家，创立了京瓷，一家营业额达到 15000 亿日元的公司，之后又创立了 KDDI，其营业额更是高达 45000 亿日元，因此在他们心中，对我或许有点敬畏之情。

Q：日航哲学发表后，集团全体员工每年参加 3 次集中研习会，大家还养成了随身携带日航哲学手册并时刻研读的习惯。而名为"部门独立核算制"的阿米巴经营模式也开花结果，在 JAL 集团旗下的 50 多家子公司中，这一核算制度已推广至 31 家。对于这样的成绩，您是否满意？

稻盛：对于阿米巴经营，JAL 上下的员工们都非常努力地学习和实践。至于成果，看其经营业绩便一目了然。纵观整个民航业，其业绩都可圈可点。

至于日航哲学的推广程度，我觉得也非常欣喜。在我看来，员工们对日航哲学的理解程度直接与业绩挂钩。既然目前业绩在稳步提升，哪怕不去执意强调"要进一步学习和推广日航哲学"，员工们也会自然而然地将其渗透至基层的方方面面。

归根结底，一家公司有没有哲学思想这把"尺子"，是一个非常关键的区别。因此，我认为任何一家企业都应该团结员工，把众人的思维方式整合为哲学思想，从而使个人和组织做到自律。每次看到媒体报道日本企业陷入丑闻或经营危机的新闻，有的还是非常知名的大企业，我常常想，恐怕由于大多数日本企业没有哲学思想作为准绳，因此其内部结构和体系其实异常脆弱。

JAL 亦是如此，曾经经历苦难，也陷入过破产危机。虽然导入日航哲学的时间还不长，但在其干部和基层员工的努力下，我觉得他们已经达到了合格水平。

Q：但大西会长也好，植木义晴社长也好，他们总有一天要退休，其他的干部和员工亦是如此。老员工逐渐被新员工替代，总有一天，在整个 JAL 集团和您直接有过交流和讨论的人会完全被替代。此外，基层员工学习日航哲学的模式，也有可能在未来陷于千篇一律。为了不让日航哲学在未来减少存在感和走向形式化，您觉得干部和基层员工应该怎么做？

稻盛：我觉得 JAL 定期召开的"集团业绩报告

会"是关键，它能让员工们在重视自身业绩的同时，也能全面顾及与其他部门的协调性及集团的整体利益。这个报告会以阿米巴经营为基础，各组织的领导每月参加，公布各部门的业绩。算上坐在后面旁听学习的人，其出席人数每次都在 150 人左右，而我每次也几乎必到。

其间，许多人都要做报告，其内容也各式各样。凡是没有真正理解和实践日航哲学的领导，他们的态度就已经当场暴露了一切。其典型特征是满脸骄傲，觉得自己部门完成业绩就可以了，完全不考虑集团的整体得失。一开始，我会厉声呵斥这种人，如今毕竟这把年纪，不会这么激动了。

Q：您先是创立京瓷，然后又是如今的电信大企业 KDDI 的奠基人，接着又拯救了 JAL，使其成功重建。这三件壮举中，您觉得哪一件最不容易？

稻盛：京瓷也好，KDDI 也好，都是通过我自己的努力，从零开始打造而成的企业。虽然过程艰辛，但每个白手起家的人皆是如此，所以我觉得再苦也是理所当然。但 JAL 则不同，在我经手前，它已经是一家规模巨大的民航企业，开展航运业务，有着既定的组织和业务，而要重建这样一个企业，我觉得是最为困难的任务。

Q：在 JAL 破产之际，当时国土交通相来请您主持重建工作。而您为了"大义"，毅然答应接受任务，并提出了不领一分报酬的条件，在 JAL 工作了 3 年。回顾这段经历，您是否相信自己当年做出了明智的决定？

稻盛：对此，我觉得不应该用明智或不明智这种标准来定义。当时国土交通相对我说："JAL 情况不妙，您能担任其会长帮助其重建吗？"我当时已经上了年纪，而且觉得不该由我承担这份工作，但脑中又掠过孔子的一句话"见义不为，无勇也"。于是毅然受命。如今回想起来，我对于民航业一窍不通，既无自信，也无经验，居然没有以失败而告终，实属幸运。

Q：如果让您给自己点评，您觉得经过 3 年重建，其结果是否与您的理想蓝图一致？

稻盛：说实话，我并没有设定什么理想蓝图，所以也没有一致不一致的说法，但 JAL 的重生还是较为顺利的。

当时，JAL 申请破产保护，于是第三方财务接管人入驻 JAL，着手改革。在那样的败局下，最受伤的是 JAL 的广大员工。16000 人离职，剩下 32000 人的未来也是一片迷茫。即便如此，基于破产重组的相关法规，JAL 通过减偿等一系列措施，其债务包袱在一定程度上有所减轻，而我则打算和清算管理人一起重建 JAL。

可按照相关法规，一旦破产重组完成，他们将不再插手 JAL 的事务，剩下只能由我一个人努力。让我感到幸运的是，他们都是优秀的专家，我们之间的沟通很顺畅，他们也都理解我所提出的方针，并和我一起在集团内推行。对于他们的付出，我甚为感激。

Q：您现在也还经常乘坐 JAL 的航班吗？

稻盛：是的。昨天我还刚坐过呢。老家有点事情，我搭乘了伊丹到鹿儿岛的往返航班。现在只要坐飞机，我基本只选 JAL。

Q：如今，看到机场的 JAL 服务人员和 JAL 客机内的客舱乘务员，您觉得他们的表现如何？

稻盛：我觉得大有进步。我经常向他们打招呼，

对他们说"你们辛苦了啊"，他们每次都以满面笑容
回应。

当年 JAL 破产时，由于企业内部没有哲学思想，
虽然他们也实行微笑服务，却是不发自内心的"职
业笑容"，所以那时候我一直选择另一家航空公司的
航班。究其原因，我觉得不仅限于客舱乘务员，当
时整个 JAL 集团的员工都只按照指导手册行事，非
常刻板且程式化，缺乏真心诚意。尤其像我这种普
通人，对这方面十分敏感，因此那时我讨厌日航。

如今的 JAL 则不同，大家在服务乘客时露出的
笑容都发自真心，这份进步让我欣喜。唯有具备亲
切待人的姿态，或者理解利他的哲学思想，才能拥
有如此发自肺腑的温暖笑容。

以客舱乘务员的培训方式为例，新员工聚在一
起，倾听先辈们的教导，但和以前不同，她们不是
获得照本宣科的教条，前辈们也不会让她们按照某
种模式服务，而是启发她们主动思考，从心底领悟
服务之道，从而提供真正让乘客感动的服务。换言
之，如今在整个集团内，日航哲学是全体员工的共
同财富，因此大家能够做到循序渐进、不断提高。

稲盛和夫（撮影：村田和聡）

Q：倒下的民航业巨头再度站起，并在这一过程中摒弃了让人深恶痛绝的官僚主义体制，为广大乘客提供发自内心的体贴的优质服务。在我看来，这便是对 JAL 重生经过的归纳总结。而您曾经为了对抗电信业巨头日本电信电话公社（简称电电公社，NTT 的前身）而从零创立了第二电电。把这两件壮举对照起来看，还蛮有意思的呢。

稻盛：创立 DDI 的初衷的确是为了对抗民营化后的电电公社（NTT）。当时它在日本一家独大，君临天下般地垄断着整个电信业，导致国民不得不支付昂贵的电话费。而我认为应该破除垄断，消除其对社会造成的病态影响，于是毅然决定从零开始。现在回想起来，当时自己认定了"要把大家的话费降下来"这个"大义"，或者说是这份正义感，激励我做出了这样的抉择。

话说回来，京瓷当时还只是一家规模中等的地方企业，所以其实原本轮不到我来干这番事业。当时，日本政府开放通信业的消息见诸各报端和杂志，我想日本的一众大企业肯定不会错过这个机会，它们可以独自进入这片市场，也可以组成行业协会，从而撼动民营后的 NTT 的垄断地位。可经过多方打听，我获得的回应都是悲观的。他们说电电公社从明治时代便存在，作为推行国策的国企，其使用大量的政府预算，建起了覆盖日本各村各镇的通信网。而在民营化改制后，NTT 作为电电公社所有资源的继承者，自然是业内航母，与其对抗风险巨大，因此没有一家企业敢站出来。

我对此甚是烦恼：政府总算批准了电信业的自由化，可 NTT 依旧垄断着整个市场，必须有人来打破这种局面。我觉得自己应该能做点什么，想筹措资金与其对抗，但同时又觉得自己只是京都一家规模中等的地方企业京瓷的创始人，哪怕再怎么打拼，也无法和电信业巨头抗衡。

于是，连续好几个月，每晚睡觉前，我都会严肃地自省自问，是否做到了动机至善，私心了无。换言之，我反复自我拷问，自己如此渴望进军电信业的动机是否真的发自善心，是否真的不含杂念。几个月后，我下定了决心。

当时恰好参加一个在东京召开的商界会议，大家晚上在下榻的旅馆觥筹交错，我当时盘腿坐在榻榻米上，几杯酒下肚后，我说道："我觉得目前日本的电信业毫无希望，所以打算创立第二个电电公社，与现有的对抗。"同席的牛尾君（牛尾电机的牛尾治朗会长）和饭田君（SECOM 的创始人饭田亮先生）吃惊地反问道："你认真的？"他俩和我年纪相差不大，且与我交情颇深。对于他们的反问，我答道："我决心已定。"然后他们表示愿意提供协助。

接着，在一旁听到我们谈话的盛田先生（SONY 创始人盛田昭夫）过来问道："你们在讨论什么呢？"听了我的说明后，他表示："那也算我一个。"于是，SONY 也加入进来了。

Q：据我所知，您当年接手拯救 JAL 任务的大义也是为了避免全日空（ANA）一家独大而形成垄断。如今，ANA 和 JAL 连机场分配的起降份额都要争，而廉价航空（LCC）也在最近几年逐步发展。对于风云变幻的民航业界，您怎么看？当初您竭力保护和倡导的"健全竞争环境"，日本民航业做到了几分？

稻盛：我觉得业界的竞争环境还不够健全，应该再多一些像廉价航空这样的新鲜血液。这对 JAL和 ANA 也能起到积极的刺激作用，逼着它们更努力。

目前日本等于还是两家独大的状态，我觉得应该再多几家。

Q：假如今后又有人请您承担拯救某家企业的重任，您还会答应吗？

稻盛：不会了。毕竟年纪不饶人啊。(笑)

Q：但您现在依然精神矍铄，积极参加各地的盛和塾活动，是吧？

稻盛：那是出于利他之心，为了让大家都幸福，所以好比是免费的志愿者活动。如果各骨干型企业和中小企业的经营者能够让公司运作顺畅，那么其雇用的员工也能安居乐业生活幸福。为了这个目标，我一直坚持参与盛和塾的事务。

如今，盛和塾已经推广至世界各地，在中国亦激起了巨大反响。前段时间，沈阳举办了盛和塾大会，结果参加的中国企业家多达 2000 人。其中，有位企业家还送了我一首诗，其大意是"古有鉴真东渡传佛旨，今有稻盛东来授大乘"。

虽然是毫无报酬，但由于是善行，因此我完全不感到累，反而精神爽朗。

在无特别注明的情况下，本书所记载人物的职务、所属组织名称及职务范围等皆为调查采访时的信息。

图书在版编目（CIP）数据

日航的现场力／（日）金子宽人 著；周征文 译. —北京：东方出版社，2020.4
ISBN 978-7-5207-1457-0

Ⅰ.①日…　Ⅱ.①金…　②周…　Ⅲ.①航空公司—企业管理—经验—日本
Ⅳ.①F563.136

中国版本图书馆 CIP 数据核字（2020）第 010242 号

本书中文简体字版权由汉和国际（香港）有限公司代理
著作权合同登记号　图字：01-2018-3894 号

日航的现场力
（RIHANG DE XIANCHANG LI）

作　　者：［日］金子宽人
译　　者：周征文
责任编辑：贺　方　钱慧春
责任审校：谷轶波　赵鹏丽
出　　版：东方出版社
发　　行：人民东方出版传媒有限公司
地　　址：北京市朝阳区西坝河北里 51 号
邮　　编：100028
印　　刷：北京联兴盛业印刷股份有限公司
版　　次：2020 年 4 月第 1 版
印　　次：2020 年 4 月第 1 次印刷
开　　本：787 毫米×1092 毫米　1/32
印　　张：9.75
字　　数：131.2 千字
书　　号：ISBN 978-7-5207-1457-0
定　　价：48.00 元
发行电话：(010) 85924663　85924644　85924641